教育部中外语言交流合作中心《国际中文教育中文水平等级标准》
教学资源建设项目（项目编号：YHJC22WT004）

（修订版）

国际中文教师课堂技巧教学手册

Guoji Zhongwen Jiaoshi
Ketang Jiqiao Jiaoxue Shouce

王巍　主　编
鞠慧　孙淇（韩）　副主编
谭紫格　江珅宝　查汗　编　者

HANDBOOK ON CLASSROOM SKILLS TEACHING FOR INTERNATIONAL CHINESE TEACHERS

(Revised Edition)

中国教育出版传媒集团
高等教育出版社·北京

图书在版编目（C I P）数据

国际中文教师课堂技巧教学手册 / 王巍主编 ; 鞠慧,（韩）孙淇副主编. -- 修订版. -- 北京 : 高等教育出版社, 2025. 3. -- （国际中文教师课堂教学资源丛书）.
ISBN 978-7-04-063112-8

Ⅰ. H195.3

中国国家版本馆 CIP 数据核字第 20244DQ801 号

策划编辑 李 玮　　责任编辑 熊世钰　　插图绘制 霍 苗　　插图选配 熊世钰
封面设计 马天驰　　版式设计 马 云　　责任校对 陆姗娜　　责任印制 赵义民

出版发行 高等教育出版社
社 址 北京市西城区德外大街 4 号
邮政编码 100120
印 刷 三河市春园印刷有限公司
开 本 889mm×1194mm 1/16
印 张 17.25
字 数 407 千字
购书热线 010-58581118
咨询电话 400-810-0598
网 址 https://www.hep.com.cn
http://morefunchinese.hep.com.cn
网上订购 https://mall.hep.com.cn
版 次 2011 年 4 月第 1 版
2025 年 3 月第 2 版
印 次 2025 年 3 月第 1 次印刷
定 价 128.00 元

物 料 号 63112-00

前言

《国际中文教师课堂教学技巧手册（修订版）》以崭新面貌跟各位同仁见面了。非常感谢大家一直以来的关心。赴海外工作的一线老师们提出了许多宝贵的建议，引领我们深入学习并思考，总结经验与不足，帮助我们不断提升编写水平，在此深表感谢！

这本教学参考书的创作初衷是为全球一线的中小学国际中文教师提供具体可感、切实可行且生动有趣的教学方法与技巧。2001年至2002年我受国家汉办委派，到澳大利亚新南威尔士州教育部任中文教学助理，在当地多所中小学开展中文教学工作。这段教学经历使我深深体会到青少年中文教学与成人教学的差异性。在当地的课堂，“寓教于乐”是非常重要的教育理念，老师们努力通过丰富多彩的课堂活动将其实现，学生们也积极参与互动。回国以后，我们陆续编写了《汉语乐园》《美猴王汉语》《加油！小学中文课本》等系列教材。其间，我们结合教学内容融入课堂活动，做了大量教学实践方面的调研。现将深受师生喜爱的114个“课堂活动”及凝聚众多一线教师智慧的50个“课堂教学解惑”问答题呈现给大家。在编写过程中，有一些体会想跟大家分享：

“教人未见意趣，必不乐学”，中文教学一定要充满趣味性。课堂活动无疑是实现趣味性的最佳途径。但是这种趣味性与汉语第二语言教学的科学性并不矛盾。课堂活动绝不仅仅是简单的游戏。一个好的课堂活动是有科学理据的，它是建构主义“以学生为中心”理念的具体体现，也是“任务式教学法”的完美演绎。为了使课堂活动设计更具科学性，我们本次编写还尤为注重融入“多元智能理论”的教育理念，在该理论指引下进行课堂活动的设计与实施，使音乐、动觉、空间、逻辑数理等智能与中文课堂教学的“听、说、读、写”技能训练手段有机结合。通过课堂活动的实施，能够快速提升青少年学习者的中文水平与交际能力，促进其多元智能发展，培养其团队合作精神与竞争意识。融科学性与趣味性于一体是我们设计课堂活动的基本原则。

基于上述理念，同时结合多年课堂教学实践经验，我们力求使本书的课堂活动呈现以下特点：

1. 科学性强，注重循序渐进。此次修订紧密贴合教育部中外语言交流合作中心2021年发布的《国际中文教育中文水平等级标准》，对字、词、句法的适用等级进行逐一标注。2. 趣味性强，使学习者充分体会学习的乐趣。3. 可操作性强，教师运用简单的教具即可完成。教学步骤简单，不增加学生的学习负担。4. 普遍适用性强，很多活动略加改编就可适用于不同主题的教学。5. 安全性高，确保学生在活动过程中不会出现人身伤害。此外，我们结合本书课堂活动设计录制了16个活动示范视频以供参考，读者可扫码观看。

课堂活动示范视频

本书的另一个重要内容是“课堂教学解惑”。随着全球“中文热”的升温，中文已经进入全球80多个国家的国民教育体系，青少年学习者人数与日俱增。国内越来越多的国际中文教师志愿者赴海外孔子课堂或中小学任教，也有很多海外中小学教师来国内与我们交流教学方法和技巧。中小学中文教学方法与技巧日益受到业界的重视，我们也在逐渐摸索其特殊性及内在规律。青少年不同于成年人，他们具有活泼好动、好奇心强、无法长时间保持注意力等特点。面对这样的教学对象，教师们需要解决很多细节问题，比如如何选取合适的教材，如何与学生们沟通，如何调动课堂气氛，如何管理课堂纪律，如何做到有效又有趣地奖惩，如何处理学生们对写汉字的畏难情绪，如何组织课堂活动等等。

关于这些微观的课堂教学技巧，目前的参考资料还很有限。有鉴于此，我们对海外教师做了广泛的问卷调查，收集他们最感兴趣的问题，并向经验丰富的教学专家求教，加以深入研究，形成了本书中的“课堂教学解惑”部分，逐一剖析中文教学中的50个常见问题，探讨每个环节的最佳教学方法。崔永华和杨寄洲在《课堂教学技巧略说》一文中提出“课堂教学技巧是课堂教学的构成要素，是课堂教学的表现形式，是教学法原则的具体体现和实践”。由此可见，教学技巧贯穿在课堂教学中的所有环节，是教师创造力的表现，也是“汉语教学的灵魂”。希望我们提出的教学策略对广大同行有所启发。

本书能够顺利完成，要特别感谢语合中心对此项目的全力支持。还要感谢高等教育出版社海外出版事业部国际中文分社的李玮老师和熊世钰老师，两位老师专业且高效，为我们安心创作提供了有力保障。本书编写组中有多年经验的海外教师，也有正在任教的年轻志愿者教师，分别来自中国、韩国、英国、泰国，共同的理想和信念将我们紧密团结在一起，在此也对大家的辛苦付出说声“谢谢”！

希望本书能够帮助有志于从事国际中文教育事业的人们开启教学智慧，提升教学品质。

因水平所限，定有错漏之处，请各位同仁、专家学者批评指正！

王 巍

2024年3月1日

目录

句法

语篇

课堂教学解惑

教学环节

课堂活动复印页

使用说明

课堂活动设计

介绍了114个富有可操作性的课堂活动。

语音

9. 蜜蜂采花粉［声韵拼合］

读 集体

活动目的

通过拼读练习，帮助学生熟练掌握声韵拼合。

活动准备

挑选数量相当的声母和韵母，分别制成声母、韵母卡片。

★声母、韵母卡片数量＝学生人数

花朵形状的声母卡片　　蜜蜂形状的韵母卡片

活动步骤

❶ 教师将所有的声母卡片都贴在黑板上，然后发给每个学生一张韵母卡片。

❷ 教师找一个学生，让他拿着手里的韵母卡片去黑板前任意选择一个声母（如“l”）进行拼读。如果拼读正确，就可以取走这张声母卡片；如果拼读错误，或者拼出的音节在汉语中不存在，则要表演蜜蜂飞舞的动作。

❸ 完成活动的学生随意选择一个同学，站到他面前，被选的学生到黑板前继续进行这个活动。

小贴士

❶ 为了增加活动的趣味性，教师可以将全班学生分成两组，轮流“采花粉”，看哪组“采”到的花朵多。

❷ 为了增加活动的难度，教师可以要求学生同时拼出声调，并在黑板上写出该音节。

13

- 从语言要素的角度，将这些活动分为语音、汉字、词语、句法、语篇等五大类。
- 对活动的训练方式（听、说、读、写）和组织方式（单人、双人、小组、集体）[1]进行了标注。
- 每种活动都与一类具体的学习内容相结合，并给出活动的参考语音、汉字、词语或句型。
- 详细说明活动准备，包括教学内容的选择、教具制作的步骤、材料准备的方法与数量等。
- 图文并茂地介绍活动步骤。
- “小贴士”提醒教学注意事项，并给出活动扩展的方式。

1：在本书中，我们对“单人、双人、小组、集体”是这样界定的：“单人活动”是指由单个学生独立完成的活动；“双人活动”是指由两人合作、共同完成的活动；“小组活动”是指3～6人合作完成的活动；“集体活动”是指全体或大多数学生一起参与的活动。需要说明的是，某一具体活动的实施方式不是绝对的，教师可以根据实际情况灵活调整。

• 书后附有活动复印页，方便教师直接复印使用。

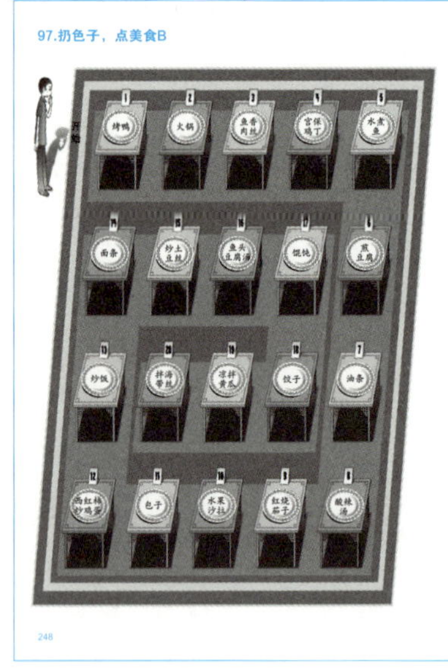

课堂教学解惑

提炼出50个课堂教学中最常见的问题，对其进行认真、细致地解答。

• 将50个问题从教学角度分为教学准备、学生情况、教师自身、教学组织、教学环节等五大类，便于检索。

• 从问题思考、编者心语、编者信箱这三个角度引出问题，引导读者积极主动地思考，帮助读者了解、总结和反思课堂教学中的种种问题。

• 结合理论与实践，对每个问题进行翔实而细致地解答。

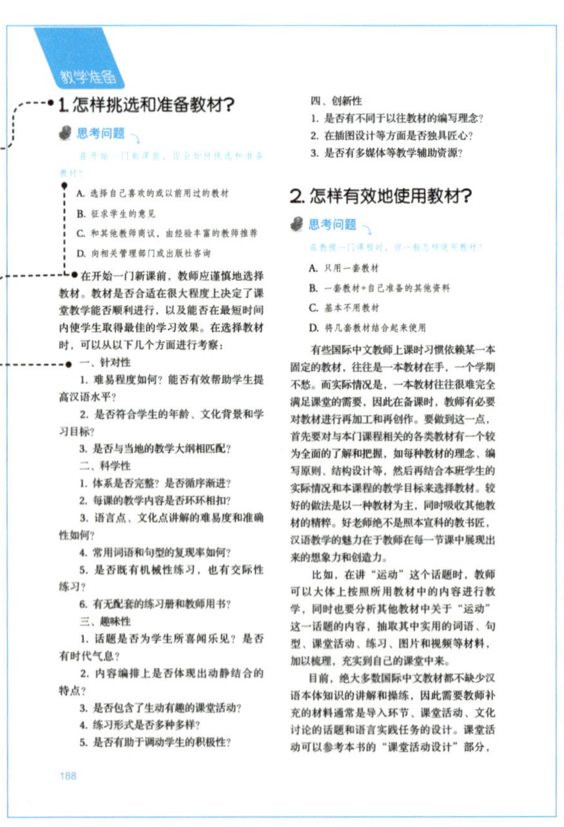

教学准备

1. 怎样挑选和准备教材？

思考问题

在开始一门新课前，你会如何挑选和准备教材？

A. 选择自己喜欢的或以前用过的教材

B. 征求学生的意见

C. 和其他教师商议，由经验丰富的教师推荐

D. 向相关管理部门或出版社咨询

在开始一门新课前，教师应谨慎地选择教材。教材是否合适在很大程度上决定了课堂教学能否顺利进行，以及能否在最短时间内使学生取得最佳的学习效果。在选择教材时，可以从以下几个方面进行考察：

一、针对性

1. 难易程度如何？能否有效帮助学生提高汉语水平？

2. 是否符合学生的年龄、文化背景和学习目标？

3. 是否与当地的教学大纲相匹配？

二、科学性

1. 体系是否完整？是否循序渐进？

2. 每课的教学内容是否环环相扣？

3. 语言点、文化点讲解的难易度和准确性如何？

4. 常用词语和句型的复现率如何？

5. 是否既有机械性练习，也有交际性练习？

6. 有无配套的练习册和教师用书？

三、趣味性

1. 话题是否为学生所喜闻乐见？是否有时代气息？

2. 内容编排上是否体现出动静结合的特点？

3. 是否包含了生动有趣的课堂活动？

4. 练习形式是否多种多样？

5. 是否有助于调动学生的积极性？

四、创新性

1. 是否有不同于以往教材的编写理念？

2. 在插图设计等方面是否独具匠心？

3. 是否有多媒体等教学辅助资源？

2. 怎样有效地使用教材？

思考问题

在教授一门课程时，你一般怎样使用教材？

A. 只用一套教材

B. 一套教材+自己准备的其他资料

C. 基本不用教材

D. 将几套教材结合起来使用

有些国际中文教师上课时习惯依赖某一本固定的教材，往往是一本教材在手，一个学期不愁。而实际情况是，一本教材往往很难完全满足课堂的需要，因此在备课时，教师有必要对教材进行再加工和再创作。要做到这一点，首先要对与本门课程相关的各类教材有一个较为全面的了解和把握，如每种教材的理念、编写原则、结构设计等，然后再结合本班学生的实际情况和本课程的教学目标来选择教材。较好的做法是以一种教材为主，同时吸收其他教材的精粹。好老师绝不是照本宣科的教书匠，汉语教学的魅力在于教师在每一节课中展现出来的想象力和创造力。

比如，在讲"运动"这个话题时，教师可以大体上按照所用教材中的内容进行教学，同时也要分析其他教材中关于"运动"这一话题的内容，抽取其中实用的词语、句型、课堂活动、练习、图片和视频等材料，加以梳理，充实到自己的课堂中来。

目前，绝大多数国际中文教材都不缺少汉语本体知识的讲解和操练，因此需要教师补充的材料通常是导入环节、课堂活动、文化讨论的话题和语言实践任务的设计。课堂活动可以参考本书的"课堂活动设计"部分，

188

常用课堂指示语

分组 Divide into groups

1. 现在我们一起来做个游戏，游戏的名字是……
   Let's play a game together now. The name of the game is...

2. 我们先来分组。
   Let's divide into groups first.

3. 两个同桌一组。
   You and your counterpart work in a group.

4. 这个游戏要求两人一组。请大家离开座位，自己去找一个伙伴，然后两个人坐在一起。
   This game requires two people work in a group. Please get out of your seat and look for a partner, and then sit together.

5. 四个人一组，A、B、C和D一组，……
   Four people work in a group, A, B, C, and D are in a group,...

6. 全班同学分成两组，这边的同学是一组，那边的同学是一组。
   The whole class divides into two groups, the students on this side belong to one group and the students on that side belong to the other group.

准备 Get ready

1. 每个人/每组都拿到活动页了吗?
   Has everyone/every group got the Activity Page yet?

2. 请把活动页上的汉字/词语/图片逐个剪下来，仔细地剪，看谁剪得又快又好。
   Please cut out the Chinese characters/words/pictures on the Activity Page one by one carefully. See who cuts both fast and well.

3. 大家站起来，到教室前边/中间，围成一圈。
   Stand up, everyone, come to the front/middle of the classroom, and make a circle.

4. 各组站成一横/竖排。
   Each group stands in a row/column.

5. 请快点！看看谁/哪组站得最快。
   Please hurry up! See who/which group lines up in the shortest time.

6. 准备好了吗？现在开始吧。
Are you ready? Let's start now.

进行 Start

1. 我们开始第一轮游戏。每组选一个同学参加游戏，你们商量一下，谁先来呢？
Let's start the first round of the game. Each group chooses a student to participate in the game. Discuss among yourselves. Who goes first?

2. 请你们到教室前边来。
Please come to the front of the classroom.

3. 请认真看我的示范。
Please observe my demonstration carefully.

4. 请你们根据卡片的内容做动作。
Please make moves according to the content of the card.

5. 请你们一个接一个说词语/句子。
Please say the word/sentence one by one.

6. 请认真听我读，我读到哪张卡片，拿那张卡片的同学要快速举起卡片/站起来。
Please listen to me read the card carefully. Whichever card I read, the student holding that card should put it up/stand up.

7. 注意！不要看对方的活动页/卡片。
Warning! Don't peek at your opponent's Activity Page/card.

8. 注意！不要让其他同学看见你手上的卡片。
Reminder! Don't let other students see the card in your hand.

9. 注意！不能重复前面的同学说过的词语/句子。
Attention! Don't repeat the word/sentence said by the previous student.

10. 请看黑板/活动页，尽量用到老师给出的词语/句型。
Please look at the blackboard/Activity Page, try to use the words/sentence patterns given by the teacher.

11. 规定的时间是五分钟。比一比，看谁先完成。
The time limit is five minutes. Compete to see who finishes the task first.

12. 先完成的同学/小组请举手示意。

Those students/groups that finished the task first, raise your hands, please.

13. 这个游戏的规则你们明白了吗？有问题吗？

Are you clear with the rules of the game? Any questions?

14. 开始！/停！/快点！/慢点！/加油！/对了！/错了！/请安静！/请大点儿声！/请再说一遍。/请再做一遍。/请写出来。/请认真听。/让我们从头开始。

Start! /Stop! /Hurry up! /Slow down! /Come on! /Right! /Wrong! /Please be quiet! /Please speak a little louder! /Please say it again. /Please do it again. /Please write it out. / Please listen carefully. /Let's start over.

总结 Summarize

1. 时间到！让我看看你们的成果。

Time is up! Let me see your results.

2. 同桌/小组成员交换活动页，相互检查。

Exchange your Activity Page with your counterpart/group member and check each other's work.

3. A同学回答正确，加1分；B同学回答错误，不得分/减1分。

A answers correctly, and gets one point; B answers incorrectly, and gets nothing/minus one point.

4. 请你唱一首歌/表演一个小节目，好吗？

Would you please sing a song/give a little performance?

5. A组是今天的第一名，B组是第二名，C组是第三名。

Today Group A is the number 1, Group B is the number 2, and Group C is the number 3.

6. A同学的表现太棒了！让我们为他/她鼓掌！

A is super with his/her performance! Let's give him/her a round of applause!

7. 你们每个人都表现得不错，我真为你们骄傲！

Each and every one of you has delivered a good performance. I'm really proud of you!

8. 今天你们都学到了什么？开心吗？谢谢大家。我们下次汉语课再见！

What have you learned today? Are you happy? Thank you everybody. Let's meet again in the Chinese class next time!

课堂活动设计

语音

语音

1. 开火车[单韵母]

听 读 集体

活动目的

通过听辨反应练习，帮助学生熟练掌握韵母的发音。

活动准备

❶ 选择要练习的单韵母，如“i”“o”“u”“ü”等。

❷ 将上述单韵母制作成两种卡片；一种是将上述单韵母写在较大尺寸的卡片上，各一张即可；第二种将上述单韵母写在较小尺寸的卡片上，根据人数多写一些。

活动步骤

❶ 在教室中间空出足够大的活动区域。选四个学生，让其分别拿着大卡片“i”“o”“u”“ü”站到教室前侧。教师将打乱的含有“i”“o”“u”“ü”的小卡片作为车票发放给其他学生，这些是“乘车人”。

❷ 教师随机说出一个单韵母，如“i”。手中拿着“i”的“乘车人”迅速站在“i”这个“火车头”之后。

❸ 教师充当检票员，将反应慢或上错车的“乘车人”排到“火车”尾部。让“火车”继续开，同学们边跟读边绕教室一圈。

❹ 换一个韵母继续上一轮游戏，直到所有的单韵母都得到充分练习。

小贴士

❶ 此活动每次练习的拼音数量可以根据教学需要确定，可以单独练一组音，也可以在活动中途替换卡片练几组音。

❷ 教师可以把拼音卡片改装成拼音小纸帽等形式，以增加活动的趣味性。

❸ 此活动可用于练习声母、韵母、声调和音节，也可用于练习汉字和词语。

2. 语音排序[复韵母]

活动目的

通过听力练习，帮助学生熟练掌握复韵母。

活动准备

复印活动页，见第 222 页。

★ 复印份数 = 学生人数

活动步骤

❶ 教师发给每个学生一张活动页，然后随机读出活动页上的全部复韵母，如“ei、üe、ou、en …… ai”，学生按教师读的顺序写出序号。

❷ 学生和同伴交换活动页，教师按原来的顺序再读一遍，学生之间互相检查。

❸ 教师公布正确答案，然后领读一遍复韵母。

小贴士

❶ 为方便学生进行反复练习，教师可要求学生使用铅笔在活动页上填写序号，练完一次后将其擦掉，重复使用活动页。

❷ 为了增加活动的趣味性，教师可以制作两套内容相同的拼音卡片，将全班学生分成两组，发给每组一套卡片，每个学生拿一张。教师读拼音，让各组学生按教师读的顺序站队，看哪组站得又快又好。

❸ 此活动可用于练习声母、韵母、声调和音节，也可用于练习汉字和词语。

3. 大风吹[声母]

听 读 单人 集体

活动目的

通过听辨反应练习，帮助学生熟练掌握送气与不送气声母的发音，并区分易混音。

活动准备

❶ 准备较大的盆并盛满水。

❷ 准备若干个乒乓球。

参考语音

以练习送气音和不送气音为例

b–p	a o ai ei ao an en ang eng i iao ie ian in ing u
d–t	a e ai ao ou an ang eng ong i iao ie ian ing u uo ui uan un
g–k	a e ai ao ou an en ang eng ong u ua uo uai ui uan un uang
j–q	i ia iao ie iu ian in iang ing iong ü üe üan ün
zh–ch	a e ai ao ou an en ang eng ong i u uo uai ui uan un uang
z–c	a e ai ao ou an en ang eng ong i u uo ui uan un

活动步骤

❶ 教师将两个盛有水的盆子放置在教室中央，在盆内放入若干乒乓球。

❷ 教师将班级学生分为两组，每组人数相同，学生通过读带送气音的声母或词语将乒乓球吹出去，教师计时，用时最少的组获胜。失败的组接受惩罚，表演节目。

小贴士

① 教师可以先将 b–p、d–t、g–k、j–q、zh–ch、z–c 及其含有 b–p、d–t、g–k、j–q、zh–ch、z–c 的拼音写在黑板上，目的是给学生提示。

② 教师在做游戏前，务必将 b–p、d–t、g–k、j–q、zh–ch、z–c 进行区分，让学生了解送气与不送气的对应关系。

4. 步步为“赢”[声母]

活动目的

通过听辨反应练习，帮助学生会认会读声母。

活动准备

准备 6—10 个颜色不同的正方形大纸板，在纸板上写下所学过的声母，如：zh、sh、z、s、f、h、b、m 等写在大纸板上。

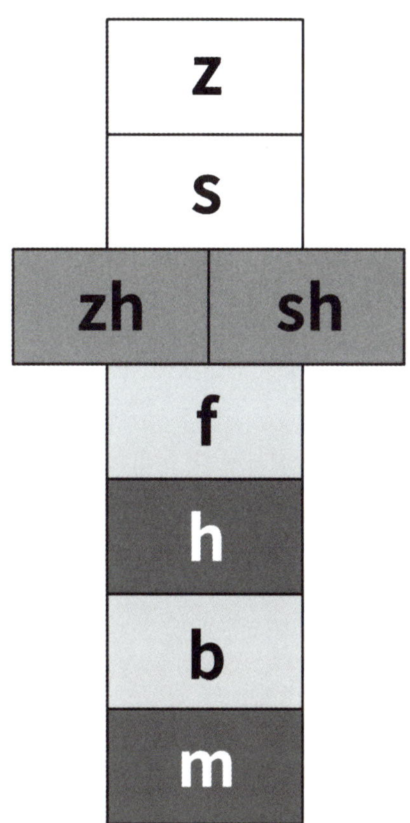

活动步骤

❶ 教师在教室中间空出较大的空间，将提前做好的拼图放在教室中间，每组选派代表参加游戏。

❷ 学生从前往后走，当遇到一个正方形时，用单脚踩着通过，读出纸板上的声母。当遇到两个正方形时，用双脚踩着通过，并读出纸板上的两个声母。看哪组学生读得又快又准，用时最少的小组获胜。

小贴士

❶ 本游戏可用于声母、韵母、汉字的学习与练习。

❷ 格子的形状教师可根据具体的情况去改变，例如可以是云朵、花朵等形状，但在练习过程中要注意安全。

5. 拼音过河[声母 韵母]

活动目的

通过听辨反应练习，帮助学生熟练掌握声母和韵母。

活动准备

❶ 将要练习的声母和韵母分成 A、B 两组，用不同的颜色、标记或形状区分两组卡片。

★卡片总数 = 学生人数

A 组

b	p	d	t	n
ai	ou	u	ua	uo

B 组

m	l	f	g	k
ei	ia	ue	ü	un

❷ 准备一根长绳。

活动步骤

❶ 教师将长绳拉直放在地上代表一条河，然后将全班学生分成两组，分别站在“河”的两边，发给每个学生一张拼音卡片。

❷ 教师说一个声母或韵母，如“b”，拿卡片“b”的学生立刻重复该音节，并跳过“河”站到对面。如果没有做对，就要留在原地。教师继续说声母或韵母，直到所有的学生都得到练习。游戏结束后，过“河”人数多的组获胜。

小贴士

1. 教师可以给一组学生发声母卡片，给另一组学生发韵母卡片，以帮助学生区别声母和韵母。
2. 此活动可用于练习声母、韵母、声调和音节，也可用于练习汉字和词语。

6. 听音拍手［声母 韵母］

听 读 单人 集体

活动目的

通过听辨反应练习，帮助学生熟练掌握声母和韵母。

参考语音

以练习声母“j”为例

包含“j”的词语和句子	不包含“j”的词语和句子
jiérì jǐgè zàijiàn chángjiāng	qìqiú xiàtiān qíguài xǐhuan
Xiànzài jiǔ diǎn	Qǐng hē kělè
Zhè shì wǒ jiějie	Shàngwǔ yǒu zìrán kè
Tā jiā bú tài yuǎn	Nǐ xīngqīliù yǒu kòngr ma
Jīntiān shì tā de shēngrì	Qǐng gěi wǒ huí ge diànhuà
Nǐ xǐhuan chángjǐnglù ma	Wǒ duì yùndòng hěn yǒu xìngqù

活动步骤

❶ 教师在黑板上写出声母“j”，说出事先想好的音节、词语或句子。如果教师说的音节、词语或句子中包含“j”，学生要迅速击一下掌；如果不包含“j”，学生则要保持安静。随后教师把练习的音节、词语或句子写在黑板上，带领学生一起朗读。

❷ 教师在黑板上写出要练习的其他声母或韵母，用这个方法继续做游戏。

小贴士

① 教师可以找几个学生到教室前进行比赛，反应速度慢的学生依次被淘汰出局。

② 教师可以增加活动难度，方法是在设计的音节、词语或句子中包含两个或两个以上要练习的声母或韵母，这样学生就要多次击掌。如练习韵母“ai”时，教师可以设计这样的句子：Māma mǎi（击掌）le hěn duō shūcài（击掌）。

③ 此活动可用于练习声母、韵母、声调和音节。

7. 声调指挥家[声调]

活动目的

帮助学生掌握汉语声调。

活动步骤

❶ 教师首先展示出四个声调的指挥动作，将指挥动作展示在黑板上。

一声 55　　二声 35　　三声 214　　四声 51

❷ 教师选一名学生当指挥家，手里握一支笔或细木棍当作指挥棒，其余同学分为四组，每组同学代表不同的声调。

❸ “指挥”随机说出一个音，如“mā”，“指挥”做出一声的手势，一声组的同学大声读出“mā”，依次进行。

小贴士

❶ 活动开始前，教师应详细讲解声调的调值和“指挥棒”如何表示，带领学生反复练习，熟悉四个声调。

❷ “指挥”可以不断加快动作，同时快速变换拼音，以增加活动的难度和挑战性。

❸ 教师也可以用动作法带领学生练习四声。

一声

二声

三声

四声

8. 各守其位[声调]

活动目的

帮助学生熟练掌握声调标写的规则。

活动准备

复印活动页，见第 223 页。

★ 复印份数 = 学生人数

声调标写规则

❶ 声调要标在主要韵母（ɑ、o、e、i、u、ü）上。如果音节里有 ɑ 就标在 ɑ 上，如果没有 ɑ 就标在 o 上，如果 ɑ 和 o 都没有，就标在 e 上（没有 ɑ 母找 o、e）。

❷ 如果 ɑ、o、e 都没有，只有韵母 i，就标在 i 上；只有韵母 u 就标在 u 上。如果既有 i 又有 u，哪个字母在后边就标在哪个字母上（i、u 并列标在后）。

活动步骤

❶ 教师发给每个学生一张活动页，然后说“开始”，学生在活动页上标出每个拼音的声调。教师说“停”，学生要立刻放下手中的笔。

❷ 教师将正确答案写在黑板上，并带领学生大声朗读活动页上的音节。两个学生一组，互相检查评分。

小贴士

① 此活动开始前，教师要通过一些示例仔细讲解声调标写的规则。
② 在此活动中，教师可以用“听一写”的方式代替“看一写”的方式。
③ 教师可以根据学生的情况适当增减练习量。

9. 蜜蜂采花粉［声韵拼合］

活动目的

通过拼读练习，帮助学生熟练掌握声韵拼合。

活动准备

挑选数量相当的声母和韵母，分别制成声母、韵母卡片。

★声母、韵母卡片数量＝学生人数

花朵形状的声母卡片

蜜蜂形状的韵母卡片

活动步骤

❶ 教师将所有的声母卡片都贴在黑板上，然后发给每个学生一张韵母卡片。

❷ 教师找一个学生，让他拿着手里的韵母卡片去黑板前任意选择一个声母（如“l”）进行拼读。如果拼读正确，就可以取走这张声母卡片；如果拼读错误，或者拼出的音节在汉语中不存在，则要表演蜜蜂飞舞的动作。

❸ 完成活动的学生随意选择一个同学，站到他面前，被选的学生到黑板前继续进行这个活动。

小贴士

❶ 为了增加活动的趣味性，教师可以将全班学生分成两组，轮流“采花粉”，看哪组“采”到的花朵多。

❷ 为了增加活动的难度，教师可以要求学生同时拼出声调，并在黑板上写出该音节。

10. 擦眼泪[声韵拼合]

活动目的

帮助学生熟练掌握声母和 ü 的拼合规律与正确发音。

活动准备

复印活动页，见第 224 页。

★ 复印份数 = 学生人数

拼合规律

❶ ü 和以 ü 开头的复韵母单独做音节的时候，要加上 y，写成 yu、yue、yuan、yun，ü 上两点省略。

❷ ü 和以 ü 开头的复韵母跟声母 j、q、x 拼合的时候，写成 ju、qu、xu，ü 上两点省略。（小 ü 见到 j、q、x，擦掉眼泪笑嘻嘻。）

活动步骤

❶ 教师发给每个学生一张活动页，让学生在规定时间内，找出应该去掉 ü 上两点的拼音，擦掉“鱼的眼泪”，并将该拼音圈起来。

❷ 教师将正确答案写在黑板上。两个学生一组，互相检查评分。

小贴士

❶ 此活动结束后，教师应带领学生大声朗读拼音，并注意纠音。（学生容易把 ju、qu、xu、yu 中 u 的发音读成 u）。

❷ 教师可以根据学生的情况，在活动页上给出一些韵母包含 ü 的错误的声韵拼合，让学生在错误的音上画 ✘，以考查学生对 ü 的拼合规则的掌握。

11. 神秘礼物

[声韵调拼合]

活动目的

通过益智游戏，帮助学生巩固对音节的整体把握。

活动准备

确定要练习的音节，最好是可以做奖品的物品名称，如“糖（táng）”，根据这个名称设计一段提示，如：

- 第一个字母在“tī”里不在“dī”里；
- 第二个字母在“bái”里和“páo”里都能找到；
- 第三个字母不在“mái”里，在“mán”里；
- 第四个字母不在“hán”里，在“háng”里；
- 声调只在第一组里找不到。

活动步骤

❶ 教师先听写几组拼音，如“tī—dī bái—páo mái—mán hán—háng”。

❷ 教师用汉语或学生的母语说出提示，学生猜出正确的音节。最先猜对的学生可以得到这个“礼物”。

小贴士

① 如果物品名称是双音节或多音节词，如“苹果”，教师可以多听写几组拼音，然后用同一提示规则进行练习。

② 此活动也可用于练习汉字和词语，让学生找出几组汉字中相同的部件，或是几组词语中相同的汉字。

12. 五体投地[音节]

活动目的

通过活动游戏，帮助学生掌握音节拼写的规律。

活动准备

❶ 教师准备若干个圆形大卡片，并在卡片上画上手与脚的图案。

❷ 在画有图案的圆形卡片上写上需要练习的声母、韵母和声调。

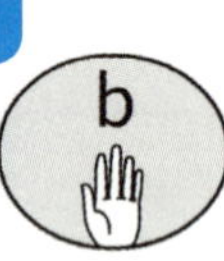

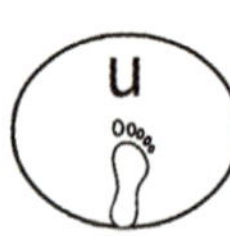

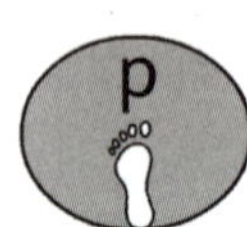

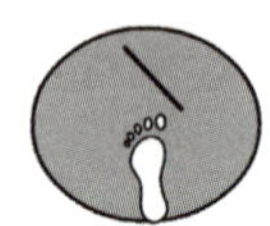
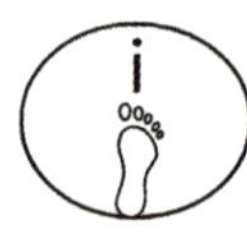

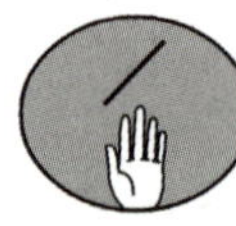
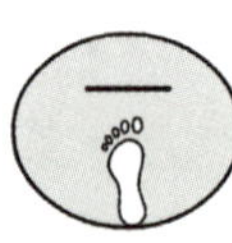

活动步骤

❶ 在教室中间空出较大的活动空间，将事先准备好的卡片，按照顺序摆放好。

❷ 教师读出“bàn”的音节，学生按照图片上的提示找到相应的声母、韵母和声调，按照正确的顺序将手和脚放在对应的地方。

❸ 教师确认学生动作正确后，带领同学们齐读一遍。

小贴士

❶ 此活动可用于练习汉字结构和词语搭配。

❷ 在进行此活动时注意学生的安全。

13. 碰炸弹［音节］

活动目的

通过听说读练习，帮助学生加强对音节的整体感知。

活动准备

选择要练习的音节，制成两套有细微差别的卡片。差别之处是：一套卡片上没有图画，另一套卡片上画有小炸弹。

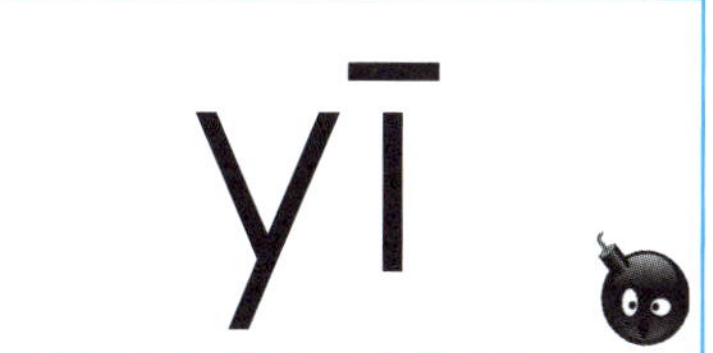

活动步骤

❶ 教师首先展示没有小炸弹图的那套卡片，同时带领学生熟读音节。

❷ 教师将两套卡片混放在一起，随机展示卡片并领读。如果卡片上没有小炸弹图，学生就要大声跟读该卡片上的音节；如果卡片上有小炸弹图，学生则要保持沉默。

❸ 如果有学生不小心读出音节，他就碰到了“炸弹”。教师带领其他学生一起大声喊“一、二、三，嘭！”并做出向该学生扔炸弹的动作。

小贴士

1. 在此活动中，教师可以不断加快展示卡片的速度，以增加活动的挑战性。
2. 教师可以准备小炸弹图片若干张，在活动时将音节卡片贴在黑板上，然后随机把小炸弹图片用胶条固定在卡片上。如果教师用手指没有小炸弹图的卡片，学生要读出相应的音节；如果教师指有小炸弹图的卡片，学生则要保持沉默。
3. 教师可以设计其他图形代替小炸弹图，不同的图形代表不同的指令，如表示大声读，表示小声读，表示读两遍等。
4. 此活动可用于练习声母、韵母和词语。

语音

14. 传音壁[音节]

听 说 读 小组

活动目的

训练学生听音、记音和发音的能力。

活动准备

教师选择要练习的音节，如“xióngmāo”，将其写在若干张小纸条上，然后对折纸条，隐藏内容。

★纸条数量 = 分组数量

活动步骤

❶ 4—6 名学生一组，每组学生排成一队。教师将纸条发给每队的第一名学生，然后说“开始”，各组第一名学生同时打开纸条，默读并记住纸条上的音节，然后迅速用耳语将纸条上的音节传给本组的下一名同学。

❷ 传话结束后，每队的最后一名学生走到前边，在黑板上写出听到的音节。教师公布答案，最先写出正确音节的组获胜。

小贴士

1. 教师根据练习的具体目标（如易混音、轻声、儿化等）充分准备音节和音节扩展组合。
2. 练习的音节要从易到难，从短到长，循序渐进地进行。
3. 此活动也可用于练习词语、句子和段落。

15. 过目不忘[音节]

活动目的

训练学生记音和拼写的能力。

活动准备

教师选择要练习的音节，如“kāishǐ、píngguǒ、míngtiān”等，将其写在小纸片上，然后对折纸条，隐藏内容。

活动步骤

❶ 教师在教室内空出较大的空间，3—5 名学生为一组，每组选派一名代表参加游戏。

❷ 教师将写有“kāishǐ、píngguǒ、míngtiān”小纸条传给各组代表学生看，之后学生顺时针或逆时针转五圈，再走向黑板写下看到的音节。

❸ 教师负责计时，写得又快又正确的小组获胜。

小贴士

❶ 此活动也可用于练习汉字和词语。

❷ 在进行此活动时注意学生的安全，同时学生在写下音节之后，教师要及时判断对错，之后带领学生朗读并熟记正确音节。

16. 探囊取宝［“一”“不”变调］

活动目的

帮助学生熟练掌握“一”和“不”的变调规律。

变调规律与参考语音

“一、不”+非四声 ⟶ 四声+非四声

“一、不”+四声 ⟶ 二声+四声

一	yì	一声	tiān 天　jīn 斤　zhōu 周　kē 棵
		二声	nián 年　rén 人　míng 名　háng 行
		三声	wǎn 碗　duǒ 朵　qǐ 起
	yí	四声	gè 个　qiè 切　dìng 定　yàng 样
不	bù	一声	ān 安　chī 吃　hē 喝　shuō 说
		二声	máng 忙　nán 难　lái 来　néng 能
		三声	hǎo 好　lěng 冷　zhǔn 准　dǒng 懂
	bú	四声	qù 去　huì 会　duì 对　rè 热

活动准备

❶ 以练习“一”的变调为例，选择和“一”相拼的不同声调的音节，将其制成拼音卡片，另外准备一些空白卡片（拼音卡片和空白卡片均准备两套）。

★卡片总数 ≥ 学生人数

❷ 准备两个布袋或大信封，每个布袋里各放一套拼音卡片和空白卡片（两个布袋里的卡片完全一样）。

❸ 准备“一”的卡片两套，每套两张。

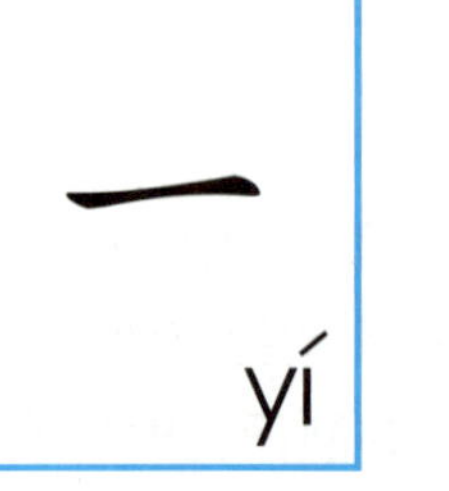

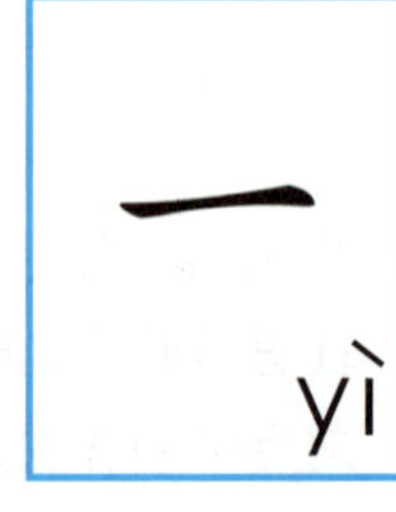

活动步骤

❶ 教师将黑板分成两部分，在每个部分分别贴上“一”的两张卡片（每张卡片的下面要留出足够的空间，以供学生粘贴拼音卡）。

❷ 教师将全班学生分成两组，让其在教室后边站成两排，发给每组一个布袋。教师说“开始”，各组组员依次从布袋中取出一张拼音卡片，快速跑到黑板前，将卡片粘贴在相应的“一”的下面，贴好后的学生快速跑回到本组，将布袋传给本组的下一个学生。掏出空白卡片的学生则不需要跑到黑板前，只将布袋往下传就可以。

❸ 学生完成后，教师跟学生一起检查结果，挑出错误的部分，然后领读正确的变调拼合。掏出最多“宝物”（贴在黑板上正确位置的拼音卡片）的组获胜。

小贴士

❶ 此活动开始前，教师要仔细讲解“一”和“不”的变调规则，并跟学生一起反复练习。

❷ 教师可以先练习“一”的变调，然后再用跟“不”组合的拼音卡片练习“不”的变调。

❸ 此活动也可用于练习词语搭配，如动宾搭配、定中搭配等。

语音

17. 抢杯子[轻声 儿化]

活动目的

帮助学生熟练掌握轻声和儿化。

参考知识与语音

轻声：指的是有声调的音节失去了原来的声调而变成又轻又短的调子。现代汉语中读轻声的词有：(1) 本身就只读轻声的虚词，如一些助词、语气词等；(2) 因其在词句中的特殊位置要被读作轻声的词，如重叠式中的第二个字；(3) 常常读轻声的词，如“漂亮、舒服”等。此外，还有一类轻声词，和相对应的非轻声形式在词义和词性上有区别。

参考语音

mǎimài — mǎimai	qīzǐ — qīzi	sūnzǐ — sūnzi
dìdào — dìdao	kělè — kěle	dōngxī — dōngxi
xiōngdì — xiōngdi	xīndé — xīnde	jiùshì — jiùshi

儿化：指的是后缀“儿”与前一音节的韵母结合成一个音节，并使这个韵母带上卷舌音色的一种特殊音变现象，具有较重的口语色彩。有些词儿化后有区别词性和词义的作用；还有一类词儿化不儿化意义本身没有太大的区别，只是儿化后会带上细小、亲切、喜爱或轻松等特殊的感情色彩。

参考语音

báimiàn — báimiànr	gài — gàir	yǎn — yǎnr
huà — huàr	tóu — tóur	jiān — jiānr
wán — wánr	kòng — kòngr	quān — quānr

活动准备

❶ 准备若干空纸杯，选择要练习的轻声 / 非轻声、儿化 / 非儿化音节，将其制成拼音卡片。

❷ 将选好的音节写在杯子底部。

活动步骤

❶ 教师将一对写有轻声 / 非轻声（儿化 / 非儿化）音节放在桌子中间，两名学生分别站桌子两侧。

❷ 当教师读出，如“sūnzi”时，两位同学迅速将桌子上写有“sūnzi”杯子抢去，先抢到正确读音杯子的学生获胜。

❸ 教师可以进行多轮，在每一轮完成后，需带领学生一起读相应的音节。

小贴士

❶ 此活动可用于练习汉字和词语。

❷ 此活动之前，教师要带领学生学习轻声和儿化相应的语言知识，并多练习几组轻声和儿化音节。

课堂活动设计

汉字

18. 汉字博物馆［汉字演变］

汉字1-6级

活动目的

培养学生对汉字学习的兴趣，帮助其记忆基本笔画。

参考汉字

日、月、山、火、水等。

活动准备

❶ A 准备稍大的硬纸板；B 打印含有“日、月、山、火、水”的图片（彩色版更好）；C 打印“日、月、山、火、水”的甲骨文；D 打印“日、月、山、火、水”的象形字。

日 月 山
火 水

❷ 准备卡纸、剪刀、胶水、彩笔、大纸板。

活动步骤

❶ 教师将含有的“日、月、山、火、水”图片和以上对应的甲骨文、象形字粘贴在黑板上，并分发给每位同学一套所需要的材料。

❷ 教师逐字讲解每个字的演变，如“日”，教师先向学生展示太阳的图片，并引导学生将图片剪下来粘在之前准备的较大的纸板上，再接着老师简介“日”的甲骨文形式，同上引导学生剪下甲骨文版“日”字，粘贴在大纸板上，最后教师再带领着学生学习现代的“日”字，并剪下粘贴在大纸板上，最终完成了“日”字的“博物馆”。

❸ 教师根据自身的实际，完成接下来几个字的“博物馆”，最后在班上推选出最美“汉字博物馆”。

小贴士

❶ 此活动搭配着有关汉字演变小短片进行教学，效果更佳。教师可以采用讲故事等形式为学生进行讲解。

❷ 建议选取具有典型代表的汉字，让学生切身感受到汉字的发展演变历史，此活动还可以融入书法、绘画。

❸ 对于年龄相对小的学生，要确保其正确安全地使用剪刀。

19. 猜旗语［笔画］

汉字1-6级

活动目的

帮助学生熟悉并掌握汉字的基本笔画和复合笔画。

汉字的基本笔画

笔画名称	横	竖	撇	点	捺	提
笔　画	一	丨	丿	丶	㇏	㇀
例　字	三	十	八	六	人	地

汉字的复合笔画

笔画名称	笔画	例字	笔画名称	笔画	例字
横　折	㇕	口	竖　提	㇙	民
横　撇	㇇	又	竖　折	㇗	山
横　钩	㇖	写	竖　钩	㇚	小
横折钩	㇆	月	竖　弯	㇄	四
横折提	㇊	记	竖弯钩	㇟	儿
横折弯	㇍	朵	竖折撇	ㄣ	专
横折折	㇅	凹	竖折折	㇞	鼎
横折斜钩	⺄	飞	竖折折钩	㇉	马
横折弯钩	㇈	九	撇　点	㇛	女
横撇弯钩	㇌	队	撇　折	㇜	么
横折折撇	㇋	及	斜　钩	㇂	我
横折折折钩	㇡	乃	弯　钩	㇁	家
横折折折	㇎	凸	卧　钩	㇃	心

活动准备

❶ 选择要练习的笔画，分别制成笔画卡片。

❷ 准备一面小旗子。

活动步骤

❶ 教师先带领学生熟悉要练习的笔画的名称。

❷ 教师选一个学生当“旗手”，让其站在教室前，再将其他学生分成两组。教师偷偷地给“旗手”出示一张笔画卡片，然后让其背对着其他学生，用小旗在空中写出看到的笔画。

❸ 两组学生竞猜抢答，先说出正确笔画名称的组得 1 分。教师负责计分，最后积分高的组获胜。

小贴士

❶ 教师要提醒“旗手”，挥旗动作一定要慢而准确，每个动作可以多重复几次。

❷ 如果教师认为学生不必要掌握笔画的汉语名称，可以让两组学生各选出一个代表，根据“旗手”的动作在黑板上写出笔画。

❸ 可以由教师说笔画名称，选几个学生一起打旗语，看谁做得又快又好。

❹ 此活动可用于练习笔画、部件和简单的汉字。

20. 汉字金字塔[笔画数量]

汉字1-6级

活动目的

帮助学生熟练掌握汉字的笔画构成。

活动准备

❶ 复印活动页，见第 225 页。

★ 复印份数 = 分组数量

❷ 根据分组情况准备剪刀和胶棒。

活动步骤

❶ 3—4 名学生一组，教师发给每组一张活动页、一套剪刀和胶棒。

❷ 各组先将活动页上方的汉字逐个剪下来，再按每个汉字笔画数的多少将其粘贴在活动页下方的空白方格里。游戏规则是：笔画数相同的汉字，只能贴在同一行。

❸ 完成后的组举手示意，教师检查。最先正确贴出金字塔图形的组获胜。

答案

小贴士

❶ 除了金字塔图形以外，教师还可以发挥想象力，设计出松树图形、花朵图形、动物图形等。

❷ 此活动还可用于练习汉字偏旁，让学生把偏旁相同的汉字贴在同一行；也可以用于练习语音，让学生把声母、韵母、声调或发音相同的汉字贴在同一行。

21. 先来后到［笔顺］

活动目的

帮助学生熟练掌握汉字笔顺的书写规则。

笔顺规则与例字

先上后下：二・六・奇・高・黄・爸・音

先左后右：你・好・他・请・明・吃・词

先撇后捺：人・八・入・大・天・火・会

先写包围：问・间・同・网・司・风・病

后写包围：山・画・凶・这・边・远・连

先入口后封口：四・田・回・图・国・园・圆

先中间后两边：小・水・办・永・承

先写点：门・衣・宝・为・立・方・主

后写点：玉・发・我・太・寸・书・犬

活动准备

❶ 复印活动页，见第 226 页。

❷ 准备彩色马克笔。

★ 复印份数 = 学生人数 /2

活动步骤

❶ 教师先介绍汉字笔顺的书写规则，每种规则之下列举 2—3 个例字。

❷ 学生了解规则之后，教师给每位学生发一张活动页，学生根据每个汉字右下角的笔画数，用彩笔描出指定的笔画，如：就描出“头”字第一笔。

❸ 教师规定完成时间（如 10 分钟），时间到后，教师要求完成后小组之间交换活动页，教师公布正确答案，小组之间互相检查。

小贴士

❶ 教师可以让学生把活动页上第 N 笔笔画相同的字圈出来。

❷ 教师可以将全班学生分成两组，教师在黑板上任意写一个汉字和指定笔画，如“国—3”，让两组学生抢答指定笔画的名称。

22. 图文并茂[独体字]

读 双人 集体

汉字1-6级

活动目的

通过象形字的图示，帮助学生了解常用独体字的构字方法。

参考汉字

人	中	口	日	月	山	水	首	干	斗
土	川	田	目	米	木	石	贝	门	户
火	鸟	心	牛	羊	虫	雨	禾	十	豆
电	千	万	车	舟	王	井	儿	丰	步
兵	子	大	马	头	果	云	戈	己	耳
上	牙	下	天	立	见	方	才	手	州
丁	寸	与	母	父	正	夫	用	龙	爪
弓	不	瓜	农	来	串	白	专	文	本
女	片	平	文	衣	鸟	刀	册	皿	井

活动1

活动准备

复印活动页 A、B，见第 227—228 页。

★ 复印份数 = 学生人数 /2

活动步骤

两个学生一组，教师发给每组一张活动页 A 和一张活动页 B。各组学生先将活动页 A 上的汉字逐个剪下来，然后将汉字粘贴在活动页 B 上对应的图画背面。完成的组举手示意，教师检查。

活动2

活动准备

选择要练习的独体字，逐个制成汉字卡片和相应的图画卡片。汉字卡片每张两份，图画卡片每张三份。

★卡片总数≥学生人数

活动步骤

❶ 教师将所有的图画卡片贴在黑板上。学生排好队，轮流到教师手中抽一张汉字卡片，在黑板上找到对应的图画卡片，揭下来拿着，重新站到队尾。

❷ 教师手中的汉字卡片都被抽完后，学生将自己手里的卡片交给教师检查。图文配对完全正确的学生可以得到教师的小奖励。

小贴士

❶ 此活动开始前，教师要简单讲解所练的独体字的字形和意思，领学生朗读、练写。

❷ 教师也可以制作一一对应的汉字卡和图画卡（总数与学生人数相当），将卡片随意发给每个学生一张，让学生在规定时间内找到持有相对应的图片或文字的同学，完成图文配对。

23. 找字比赛［独体字］

听 读 写 集体

汉字1-6级

活动目的

通过找字练习，帮助学生熟练掌握独体字。

活动准备

选择要练习的独体字（8—10个为宜），分别写在小贴纸上，每个汉字写两份，制成两套汉字小贴纸。

活动步骤

❶ 教师把黑板分成两部分，将两套汉字小贴纸分别贴在黑板的两侧，每侧贴纸的排列顺序不同。

❷ 教师将全班学生分成两组，每组各派一个学生到黑板前做游戏。教师说一个汉字，两个学生在黑板上迅速摘下该汉字的贴纸，并大声读一遍。最先找对贴纸并正确读出汉字的学生留在黑板前，另一个学生回到座位。

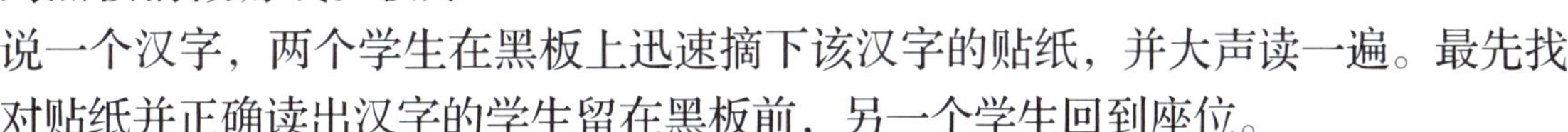

❸ 教师让黑板前的学生带领全班朗读并练写该汉字（用手指在空中写或写在本子上都可以），然后将贴纸重新贴到黑板上。正确完成这个任务的学生为所在的组得1分，写错汉字则不得分。

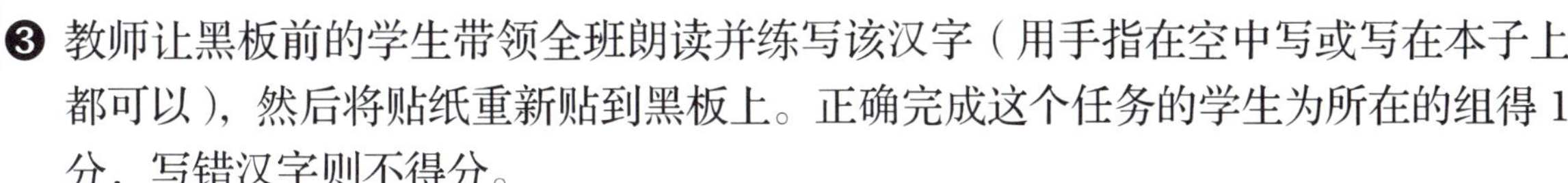

❹ 黑板前的学生回到座位，每组再各派一个学生到黑板前开始新一轮的活动。教师负责计分，最后积分高的组获胜。

小贴士

❶ 此活动可以制作幻灯片，见示例。

❷ 此活动可用于练习汉字笔画和合体字，也可用于练习语音和词语。

幻灯片示例

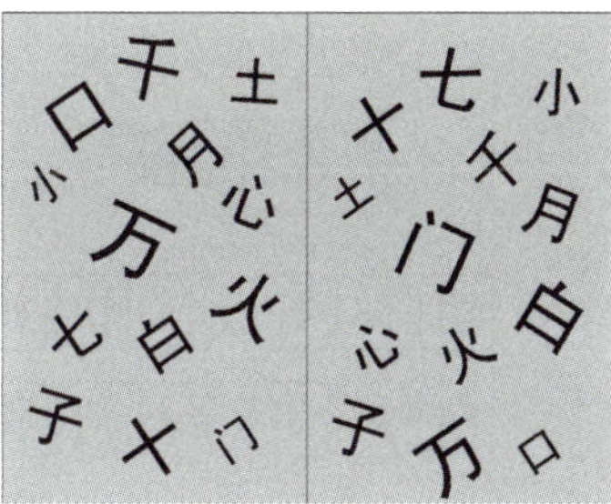

24. 消消乐［合体字］

读 单人 小组

汉字1–6级

活动目的

帮助学生加强对合体字结构的认知。

参考汉字

左右结构：朋·休·你·好·江·河·他·红·绿·妈·姐·快·慢·校·班·辩·街·做·树·脚

上下结构：音·草·学·雪·盆·窗·帘·恋·管·宝·想·亮·圣·全·爱·器·高·蕊

包围结构：国·回·固·团·图（全包围）

庆·床·压·居·病（上左包围）

句·可·习·包·匀（上右包围）

这·建·远·近·赶（左下包围）

问·向·同·风·周·闲·闭·间（左上右包围）

区·医·匿（上左下包围）

凶·画（左下右包围）

活动准备

选择左右结构、上下结构、包围结构的汉字卡片若干个，三类结构的汉字数量相同，两组卡片总数相同。

左右结构	上下结构	包围结构
朋 你 好　江 快 妈	音 学 草　帘 宝 想	回 区 庆　团 压 赶
做 树 班　绿 河 休	窗 盆 雪　亮 爱 高	这 包 风　间 画 可

活动步骤

❶ 教师先在黑板中间画一竖线，将黑板一分为二，并在上方写上 A 区和 B 区，再将事先准备好的两组汉字卡片分别粘在黑板上的 A 区和 B 区。

❷ 教师邀请两位学生参加游戏，学生根据老师发布的任务，寻找出结构相同的汉字，如教师说左右结构汉字，两位学生迅速在 A 区和 B 区分别寻找出两张左右结构的汉字卡片，用时短且正确的学生获胜。

❸ 游戏结束后，教师要带领学生认读汉字，达到认读要求。

小贴士

1. 在进行此活动前，教师应认真讲解汉字的结构特点。
2. 教师根据学生自身实际，选择汉字。遵从从易到难、循序渐进的原则。
3. 此游戏可以用于拼音和词汇的练习。

汉字

25. 神秘的画［合体字］

汉字1–6级

活动目的

帮助学生区分独体字与合体字。

活动准备

复印活动页，见第 229 页。

★ 复印份数 = 学生人数 /2

活动步骤

❶ 两个学生一组，发给每组一张活动页。各组学生看活动页上的汉字，两人分别找出独体字和合体字，并为独体字涂上一种颜色，为合体字涂上另一种颜色。

❷ 涂好后，看看上面出现的是什么图案，要求用汉语或母语说出来。最先完成涂色并正确说出图案名称的组获胜。

答案

你 洗	好	您 天	明 人	漂	亮 那	草 请	树 胜	修 利	秀
细	朋	刚 山	连 水	这	难 村	说 低	就	信	吗 妈
新	照 月	米	禾	贵 日	叫	骄 傲	休 息	间	爸 问
课	学 木	大	口	笑 王	校	国	家 车	床 耳	窗
音 父	母	千	万	上	累 下	忙	谈 川	话 里	朝
满	因 鸟	瓜	开	轻 电	闹	快 土	牙	子	慢 正
汉 女	中	门	田	牛	熊 羊	猫 儿	半	失	游 寸
胖	瘦	雨	云	动	物	抓 爪	农	立	意 衣
和 跟	吃	龙	才	运	葡 逃	萄	也	求	姐
喝	江	虫	巾	苹	梨	唱	我	手	歌

小贴士

❶ 此活动开始前，教师应简单讲解独体字与合体字的字形特点。

❷ 除了两棵树以外，教师也可以发挥想象力，设计其他图案。

❸ 此活动也可用于区分不同结构的合体字，如上下结构、左右结构、包围结构等。

26. 部件组字[汉字部件]

汉字1–6级

活动目的

通过拆字组字练习，帮助学生加强对汉字部件的认知。

参考汉字

汉字	河·休·快·地·远·听·请·括·冷·芒·因·袜
拆分后的部件	氵·亻·忄·土·辶·口·讠·扌·冫·艹·囗·礻 可·木·夬·也·斤·斤·青·舌·令·亡·大·末·元
组成的新字	清·活·沫·沐·何·他·情·怜·忙·块·近·远·达·味·话· 折·抹·芹·困·园

活动步骤

❶ 教师将要练习的合体字写在黑板上。两个学生一组，先将这些合体字进行拆分，然后用拆分的部件组成新的汉字（部件可以重复使用），并将新汉字写在本子上。

❷ 完成后，各组交换本子，根据教师提供的答案互相检查。组出最多新汉字的组可以得到教师的小奖励。

小贴士

① 教师可以将全班学生分成两组，每组派学生轮流在黑板上写出新字。

② 学生可以借助工具书完成此活动，教师也可以根据学生的情况要求学生为组出的新字注音、组词。

27. 部件拼字[汉字部件]

汉字1-6级

活动目的

通过部件组字练习，帮助学生加强对汉字部件的认知。

参考部件

部件	扌・巴・亻・木・讠・五・口・走・干・艹・日・十・门・人・女・且・犭・良・虍・几・⺍・子・氵・工・冖
汉字	把・休・语・赶・草・闪・姐・狼・虎・学・江

活动准备

制作内容相同的部件小卡片若干套。

★卡片套数＝分组数量

活动步骤

❶ 3—4 名学生一组，每组一套部件卡片，学生将部件卡片散放在桌子上。

❷ 教师说“开始”，各组学生快速用部件拼出汉字，同时用胶棒把拼好的字贴在白纸上，要求所有部件都要用上。完成得又快又好的组获胜。

亻 木 → 休

小贴士

❶ 每套卡片可以包含重复的部件，看哪组学生能拼出最多的汉字。

❷ 教师可以要求学生完成拼字后写出汉字的拼音或用汉字组词。

❸ 教师可以在黑板上写出部件或贴上部件卡片，让各组学生从本组的卡片中找到可以与其拼合组字的部件，将其贴在一旁，看哪组反应快。

28. 背上写字[汉字练写]

汉字1-6级

活动目的

帮助学生熟悉所学汉字，检测其书写汉字的能力。

活动准备

准备要练习的汉字，制成汉字小卡片，再将每张卡片对折一下，隐藏卡片上的内容。

★制作份数 = 分组数量 × N

活动步骤

❶ 4—6名学生一组，各组分别站成一排。教师将同样内容的笔画小卡片发给各组站在队尾的学生。教师说“开始”，站在队尾的学生同时打开小卡片，看卡片上的汉字，然后用手指在他前一个学生的后背上写出该汉字。（注意：不要让其他组员看到小卡片上的笔画。）

❷ 学生一个接一个地在前一个组员的背上写汉字，直至写到各组站在第一位的那个学生。该学生在黑板上写出笔画。最先写出正确笔画的组获胜。

❸ 换一张新的笔画小卡片，开始新一轮的活动。

小贴士

❶ 教师可以选择一些简单的汉字，将每个汉字的笔画拆开，按顺序一一练习，让学生通过活动逐步写出一个完整的汉字，以增加活动的难度和挑战性。

❷ 每轮活动结束后，教师可以让各组学生自行调整排队的顺序，然后再开始新一轮的活动，以加强学生之间的互动。

❸ 此活动可用于练习笔画、部件和简单的汉字，也可用于练习汉语拼音字母。

29. 互助写字［汉字练写］

汉字1-6级

活动目的

帮助学生熟练掌握汉字的字音、字形、笔画和笔顺。

活动步骤

❶ 两个学生一组，每次选两组学生分别站在黑板的两端，发给每个学生一支粉笔。

❷ 教师说一个汉字，如“国”，两组学生同时在黑板上写“国”字。每个学生每次只能写一笔画，同组成员之间可以互相帮忙改错。

❸ 最先正确写出汉字的组获胜，输的一组要回到座位上，换另一组学生到黑板前继续这个活动。

小贴士

❶ 教师可以用“看一写”的方式替代“听一写”的方式，比如教师在纸片上写出“国”字，展示给学生看几秒钟，然后让其开始写字。

❷ 教师可以根据学生的水平适当调整所练汉字的难度，每组的学生人数也可以适当增加。

❸ 此活动也可用于练习词语。

30. 汉字五子棋[汉字练写]

汉字1–6级

活动目的

帮助学生熟悉所学汉字，检测其书写汉字的能力。

活动准备

复印活动页，见第 230 页。

★复印份数 = 分组数量

活动步骤

❶ 两个学生一组，每组一张活动页。两人用“剪刀石头布”或投硬币的方式决定由谁先写第一个字，然后用不同颜色的笔轮流在棋盘表格的交叉点上写字。要求写的字不能重复。

❷ 先将五个字连成一条线的一方获胜（横线、纵线、斜线均可）。错字不能计算在内。

黑字赢

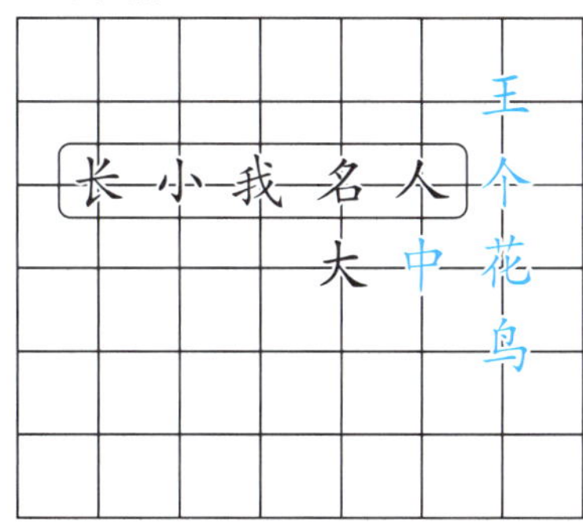

蓝字赢

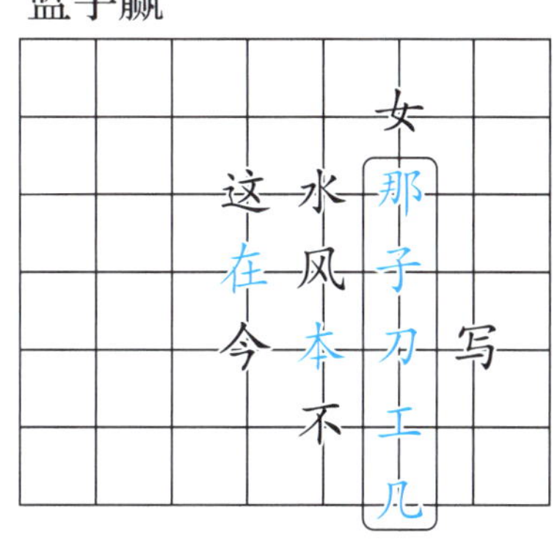

蓝字赢

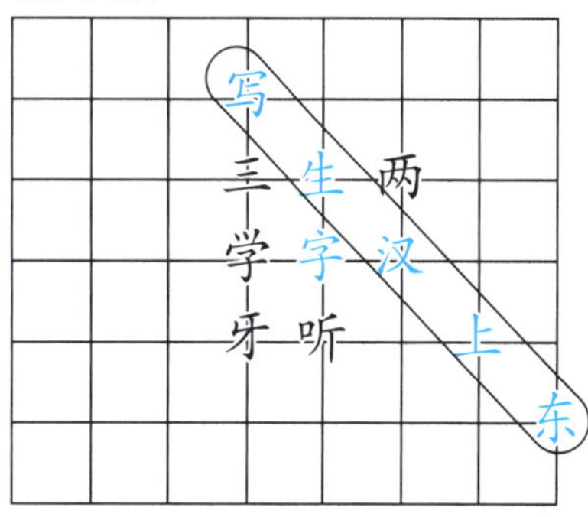

小贴士

❶ 此活动开始前，教师要清晰地说明五子棋游戏的规则。

❷ 教师可以在黑板上画出五子棋格，找两个学生或两组学生进行对抗。

❸ 如果学生掌握的汉字不多，教师可以改变游戏规则，如可以重复写汉字，但数量不能超过五次。

❹ 如果学生认字数量较多，教师可以要求学生在写出的汉字旁边加注拼音，以考查学生对字音的掌握情况。

31. 汉字速记[综合练习]

汉字1-6级

活动目的

综合考查学生对汉字的掌握情况。

活动准备

选择要练习的汉字，制作汉字题板。

	1	2	3	4	5
1	大	后	这	是	妈
2	水	不	红	雨	国
3	国	看	名	的	在
4	是	会	是	下	边
5	中	子	中	出	坐

活动步骤

3—5 名学生一组，教师展示汉字题板，并向学生提问，各组学生进行抢答。答对了得 1 分，答错了扣 1 分。教师负责计分，最后积分高的组获胜。

提问的问题如：

1. 出现次数最多的汉字是什么？（答案：“是”）
2. 有没有“红”这个字？（答案：有）
3. 第一行第一列的汉字是什么？（答案：“大”）
4. “中”出现了几次？（答案：两次）
5. 表格最中间的汉字是什么？（答案：“名”）

小贴士

❶ 教师可以从 3×3 的汉字表格练起，逐渐增加汉字的数量；也可以展示几分钟后收起题板，让学生凭记忆回答问题，以增加活动的难度。

❷ 教师可以将问题事先写在纸条上，并根据难度为不同的问题标记不同的分值，让各组依次选择一定的分值抽取问题，以增加活动的趣味性。

❸ 此活动也可用于练习拼音和词语。

32. 汉字背靠背[综合练习]

汉字1–6级

活动目的

帮助学生辨析形近字或音近字建立字音与字形的联系。

活动准备

❶ 选择要练习形近字或音近字，如“斤、厅”“大、太”“一、衣”等。

❷ 制作两套形近字或音近字卡片（每张卡片上写一个汉字）

活动步骤

❶ 2 人为一组，全班分成若干组。

❷ 教师选出一组学生，发给每人一套汉字卡片，然后请两位学生背靠背站好。教师说“游戏开始”后，在规定时间内（如 3 分钟），A 学生随机拿出一张卡片，大声读出卡片上的汉字并组词，同时向其余同学展示卡片。B 学生在听到 A 同学读的汉字之后，迅速判读字形，在自己的卡片中找出对应的汉字卡片，举起来并组一个新词。

❸ 其他学生检验这组同学举起来的卡片是否一致，所组词语是否正确，在规定时间内正确数多的小组获胜。

小贴士

教师可根据形近字或音近字数量适当调整每组人数，并准备相应份数的卡片。

33. 辨字游戏［综合练习］

汉字1–6级

活动目的

综合考查学生对汉字的掌握情况。

活动准备

❶ 设计一段对话，如：

1. A：请问，体育馆怎么走？
2. B：一直往前走，到第一个路口往右拐。
3. A：离这儿远吗？
4. B：不太远，走路大概需要几分钟吧。

❷ 为对话中的每个汉字挑选 2—3 个干扰汉字（形近或者音近的字），制作一张汉字表。

1. 清请情・问闷回・休体什・胃膏育・管馆官・怎咋乍・公幺么・足走起
2. 一乙衣・真直具・足走起・倒到至・弟递第・一乙衣・个各格・跳路踩・口日田・住往王・右祐佑・另别拐
3. 离璃里・文蚊这・运远达・马吗妈
4. 还不坏・太大犬・运远达・足走起・路跳踩・太大犬・慨概既・需雪雷・耍票要・几机叽・份分芬・种肿钟・吧巴爸

活动步骤

❶ 两个学生一组，每组一张汉字表。

❷ 教师读出对话或将对话写在黑板上，学生对照汉字表把正确的汉字圈出来。

❸ 完成的组举手示意，大声朗读一遍对话。

小贴士

❶ 教师可以不给学生提供对话，让学生根据汉字表猜出对话的内容，两人一组表演出来。

❷ 教师需要根据学生水平自行设计此活动中对话（也可以是句子、段落等）的具体内容。

34. 排字游戏[综合练习]

汉字1-6级

活动目的

综合考查学生对汉字的掌握情况。

活动准备

❶ 选择要练习的一段话，将其中的汉字逐个放在表格中，汉字要尽量大一些。

我	有	一	个	中	国	朋	友	，	她
叫	张	丹	，	她	说	如	果	我	去
北	京	，	她	可	以	给	我	当	导
游	。	我	打	算	放	假	的	时	候
和	哥	哥	一	起	到	北	京	去	旅
游	，	你	想	不	想	去	？		

❷ 将表格复印多份，沿虚线剪下，制成汉字卡片；打乱汉字与标点的顺序，逐套放在信封里。

★复印份数 = 学生人数

活动步骤

❶ 两个学生一组，教师发给每组一套汉字卡片。

❷ 教师将表格中的段落抄写在黑板上，学生按照这段文字，将汉字卡片按正确的顺序排放在桌子上或者粘贴在白纸上。

❸ 完成的组举手示意，大声朗读一遍段落。

小贴士

❶ 此活动表格中的语段可以先由教师慢速读出，让学生抄写下来，然后再完成找字排字的步骤，以此锻炼学生的听写能力。教师也可以复印表格中的段落，安排两个学生一组，一个学生慢速朗读，另一个学生排列汉字。

❷ 为了增加活动的趣味性和挑战性，教师可以给学生提供不完全准确的汉字卡片（比如卡片中少一个汉字或多一个汉字），让学生找出缺失或多余的汉字。

35. 豆子排字［综合练习］

汉字1-6级

活动目的

通过小游戏，帮助学生认读所学汉字。

活动准备

❶ 准备豆子或纽扣若干个。

★豆子数量 = 分组数量 × 50

❷ 准备白纸若干张，在每张白纸上画一个方框。

★白纸数量 = 分组数量

活动步骤

❶ 3—4 名学生一组，发给每组一张白纸和数量相等的豆子若干个。

❷ 教师说一个汉字，如“豆”，各组学生要迅速用豆子在白纸的方框里摆出“豆”这个汉字，摆好后一起大声读出汉字“豆”。

❸ 先正确完成豆子排字的组得 1 分。以此类推，练习其他汉字。教师负责计分，最后积分最高的组获胜。

小贴士

❶ 为了确保游戏的公平性，教师应要求学生排出的汉字跟所给的方框一样大，太大或者太小都不合格。

❷ 为了降低游戏难度，教师可以在说出一个汉字后，展示汉字卡片 10 秒钟，或者在黑板上写出该汉字，10 秒钟后擦掉，让学生凭记忆排字。

❸ 此活动可用于练习汉字的笔画和部件，也可用于练习语音和词语（为此教师需要给出相应数量的方框和更多数量的豆子）。

课堂活动设计

词语

36. 词语魔方[五官 身体部位]

汉字1–7级

活动目的

通过认读游戏，帮助学生熟练掌握五官与身体部位类词语。

参考词语

头 · 眼睛 · 鼻子 · 嘴 · 牙齿 · 舌头 · 耳朵 · 脖子 · 肩膀 · 胸 · 肚子 · 腰 · 手 · 脚 · 手指 · 腿 · 大腿 · 小腿

活动准备

❶ 用硬纸板制作 1—2 个比较大的色子。

❷ 在色子的六个面上分别写上要练习的词语，每面只能写一个词。

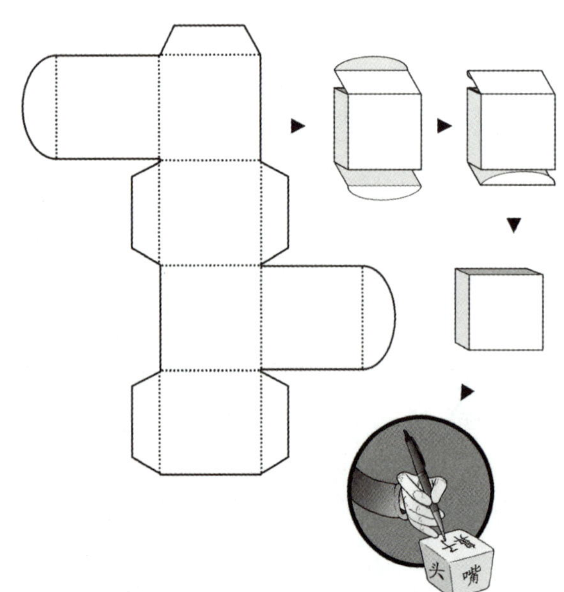

活动步骤

❶ 找一个学生掷色子，色子落下后，如果朝上的一面是“鼻子”，该学生要大声说“鼻子”，并指向“鼻子”这个部位（不能活动的身体部位可以用手指出来），其他部位不能动。学生完成后，教师一边指向自己的鼻子，一边领读“鼻子”，全班学生一起跟着做。

❷ 反应正确的学生回到座位，换其他学生继续掷色子。每个学生都有三次机会，做对为止。连续三次出错要表演小节目。

小贴士

❶ 可以让学生每次掷两个色子，同时活动两个身体部位，以增加活动的趣味性和挑战性。

❷ 此活动也可用于词语的翻译和造句练习。比如，如果某个词的面朝上，掷色子的学生就要翻译该词或用该词造句。

❸ 此活动也可用于练习体育运动或日常活动类词语。

37. 画鼻子[五官 方位词]

汉字1-6级

活动目的

通过听辨反应练习，帮助学生熟练掌握五官和方位类词语。

活动准备

准备一条蒙眼布。

活动步骤

❶ 教师在黑板上画出一个人脸轮廓，要画出耳朵、眼睛、眉毛和嘴，只空出鼻子。

❷ 教师用蒙眼布蒙上一个学生的眼睛，然后把他/她带到正对着图画两米左右的地方，并给他/她一支粉笔。

❸ 教师说“开始”，该学生往前走，走到黑板前时伸手去找“鼻子”，这时候可以用汉语询问其他学生以获得帮助，如“是这吗？”“鼻子在左边吗？”其他学生用汉语回答。根据获得的信息，该学生在认为合适的地方画上鼻子。

❹ 教师帮学生取下蒙眼布，让他/她自己看看画得对不对。

小贴士

❶ 教师可以计时，要求学生在指定时间内完成，看谁画得又快又准确。

❷ 教师可以安排两个学生一组，蒙住一人的眼睛，另一人在旁边用汉语提示，共同完成任务。

❸ 此活动可用于画其他五官或身体部位，如画眼睛、画脚等。

38. 猜颜色［水果］

说 读 单人 集体

词汇3-5级

活动目的

通过联想说词的练习，帮助学生熟练掌握水果类词语。

活动准备

选择要练习的词语，制成词语卡片。

参考词语

苹果 · 梨 · 葡萄 · 香蕉 · 西瓜 · 桃 · 橙子

活动步骤

❶ 找一个学生到讲台上抽一张卡片，不要让其他学生看到卡片内容。

❷ 该学生看卡片上的词语，用汉语或母语说出这种水果的颜色、形状或味道等，但是不能说出水果名称。比如，如果抽到“西瓜”卡片，只可以说“绿色”“圆”“甜”“大”等，其他学生根据提示猜出卡片上的水果。

❸ 讲台上的学生亮出卡片，公布答案，并读出水果名称。

小贴士

❶ 教师可以将台下的学生分成两组，看哪组最先猜出卡片上的词语。

❷ 此活动也可用于练习颜色、动物类词语，比如说出具有某种颜色的物品，说出动物的特征、饮食、习性等。

词语

39. 熊猫走路［身体部位 饮品］

词汇1–7级

活动目的

通过听力反应练习，帮助学生熟练掌握身体部位和饮品类词语。

活动准备

选择要练习的词语，制成两套内容相同的卡片（卡片的尺寸以A3纸大小为宜）。

参考词语

身体部位	头・左胳膊・右胳膊・左手・右手・左腿・右腿・左脚・右脚
饮　品	果汁・牛奶・可乐・咖啡・茶・矿泉水・啤酒

活动步骤

❶ 教师先带领学生熟悉要练习的身体部位类词语和饮品类词语。

❷ 在教室中间空出活动区域，在活动区域的两侧各摆放五张卡片，两侧卡片的内容和摆放位置要保持一致。

❸ 将全班学生分成两组，每组每次选一个学生参加活动。教师说指令，如“头—牛奶，左手—可乐，右手—果汁，左脚—咖啡，右脚—矿泉水”，参加活动的学生要用指定的身体部位接触相应的词语卡片，即把头放在牛奶卡片上，把左手放在可乐卡片上等等，像熊猫走路一样。

❹ 最先成功完成动作的学生为他所在的组得 1 分。教师负责计分，最后积分高的组获胜。

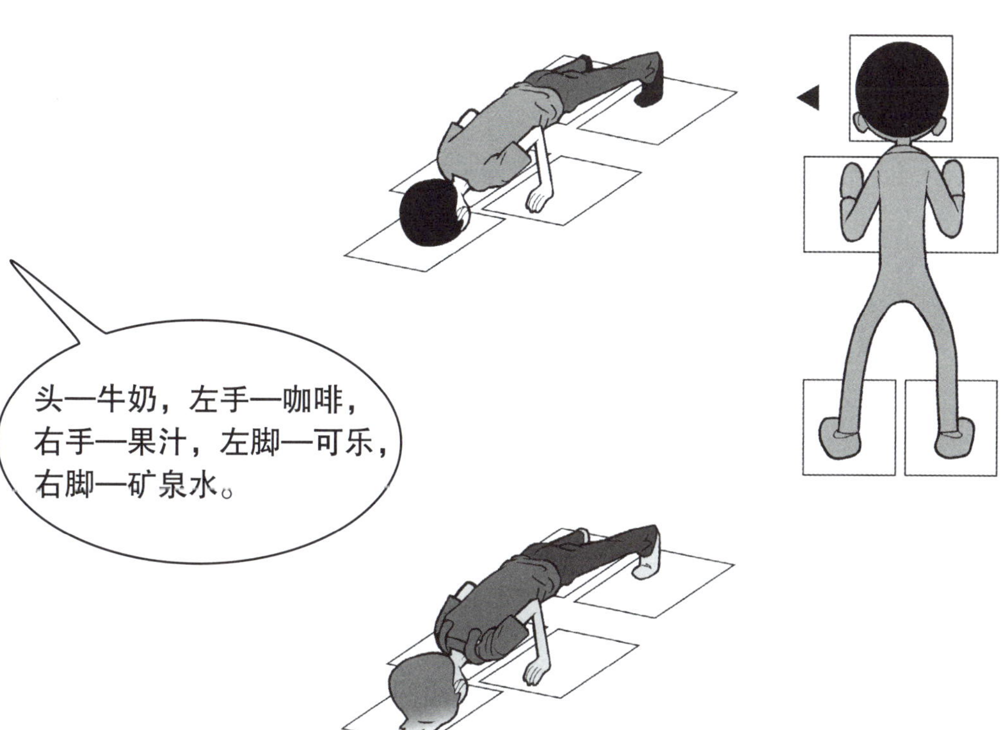

小贴士

❶ 组织此活动要提醒学生注意安全，教师可提前准备好垫子为学生们垫头用。为确保学生做动作的时候不移动卡片，教师可以事先用胶条将卡片固定在地板上。

❷ 教师可以根据学生情况灵活调整地板上的卡片数量，如从两张开始，逐渐增多。在活动进行的过程中，教师可以随时替换地板上的词语卡片。

❸ 此活动可用于练习各类词语。教师可以将其作为调节课堂气氛的常用小游戏，在课堂气氛沉闷的时候随时进行。

40. 亲属称谓抢答［亲属称谓］

词汇1-6级

活动目的

帮助学生熟练掌握汉语中的亲属称谓。

活动准备

选择要练习的词语，制成词语卡片。

参考词语

爸爸/父亲 · 妈妈/母亲 · 哥哥 · 弟弟 · 姐姐 · 妹妹 · 老公/丈夫 · 老婆/妻子 · 儿子 · 女儿 · 爷爷 · 奶奶 · 姥姥/外婆 · 姥爷/外公 · 孙子 · 孙女 · 叔叔 · 姑姑 · 舅舅 · 姨

活动步骤

❶ 将全班学生分成两组。教师逐一出示词语卡片，两组学生轮流用汉语解释其意思。如“爷爷——爸爸的爸爸，舅舅——妈妈的哥哥或弟弟，女儿——妈妈生的女孩”。

❷ 回答正确的组得 1 分，回答错误的组减 1 分。教师负责计分，最后积分高的组获胜。

小贴士

❶ 对同一个亲属称谓可以有不同的解释，只要关系正确，都可以加分。

❷ 教师可以用说词语的方式替代出示卡片的做法，让学生完成任务；也可以由教师说出亲属称谓的解释，让学生说出词语，如“爸爸的妈妈——奶奶”。

41. 体验球[颜色]

听 说 集体

词汇2级

活动目的

通过听说练习，帮助学生熟练掌握颜色类词语。

活动准备

准备一个可以抛接的小球。

参考词语

红色 · 黄色 · 绿色 · 蓝色 · 白色 · 黑色 · 灰色

活动步骤

❶ 教师先观察班上学生的衣服和物品的颜色，做到心中有数，然后一边说颜色词，如“红色”，一边将手里的球抛给学生 A（该学生身上没有红色的服饰）。

❷ A 环顾四周，找出穿戴红色服饰或有红色物品的同学；比如，如果学生 B 穿着红色的裙子，A 一边说“红色的裙子”，一边将球抛给 B。

❸ B 接到球的同时需要说出完整的句子，如“我有红色的裙子”或“我今天穿着红色的裙子”，说完后将球抛回给教师。教师重复并领读“B 有红色的裙子”或“B 今天穿着红色的裙子”。

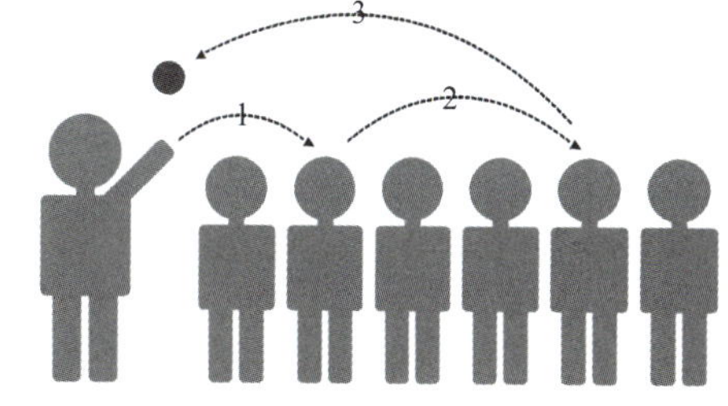

❹ 教师说其他颜色词并抛球，继续这个活动。如果接球的学生在教室里没有找到所练习的颜色的服饰或物品（如“绿色”），就要说“我们不喜欢绿色”或“我们没有绿色的东西”，然后将球抛回给教师。

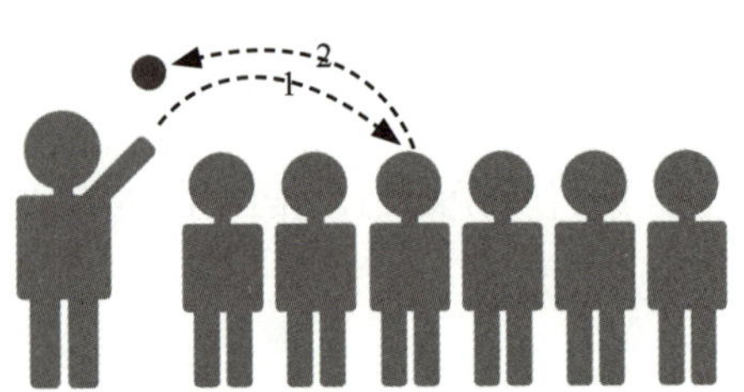

小贴士

❶ 如果学生穿着颜色统一的校服，教师可以先让学生在白色的小贴纸上用彩笔画出自己喜欢的颜色，或者用较大的汉字写出颜色名称，然后将小贴纸贴在胸前，以便其他学生能够清楚地看到，以此来替代不同颜色的服饰和物品。

❷ 此活动可用于练习人称代词“我、你、他、她”，方式如下：

教　师：（抛球给学生A）你是B吗？
学生A：（接球）我不是B，我是A。
教　师：谁是B？
学生A：（抛球给学生B）他是B。

❸ 教师可以用抛接球的方式与学生进行各种互动，比如提问后向某一学生抛出小球，该学生接球后回答问题。这种方法有助于防止学生上课时注意力不集中。

42. 数字接龙[数词]

词汇1–2级

活动目的

帮助学生熟练掌握 100 以内的数字。

活动步骤

❶ 教师先在黑板上写出游戏规则，如“N+2”，然后以某数字开头，如“0”，让学生依次说数字，如“2、4、6……”。每人每次只能说一个数字，说得越快越好。

❷ 如果有人数错了，教师示意其他学生一起拍击桌子，让该学生重新从第一个数字数起，继续这个游戏。

❸ 重复几遍“N+2”数字接龙后，教师可以增加难度，将规则改为“N+3”等。用加法数到 100 后，可以从 100 往回倒数，即做减法，如“N–2”等。

小贴士

❶ 对于有一定算术基础的学生，教师可以适当调整游戏规则，以增加活动的挑战性。如“不数 7”游戏：从 0 或 1 依次数下去，凡遇到含有 7 的数字以及 7 的倍数，学生要拍手或模仿动物叫声通过，不能说出该数字。做错的学生要表演小节目，然后重新从第一个数字数起。

❷ 此活动也可用于练习时间词（如两点、两点半、三点、三点半……），数量短语（一只老虎、两只老虎、三只老虎……）等。

词语

43. 时间表盘［时间词］

词汇1-3级

活动目的

帮助学生熟练掌握关于时间的各种表达方式。

参考词语

两点整 • 两点（零/过）五分 • 两点一刻 • 两点半 • 两点四十分 • 差一刻三点 • 差五分三点

活动步骤

❶ 教师在黑板两侧各画一个大表盘，然后将全班学生分成两组，每组派一个学生站在表盘前，背靠黑板，用手臂当指针。

❷ 教师说出一个时间，如“现在九点一刻”，站在表盘前的学生用手臂指向相应的刻度位置。

❸ 反应慢或做错的学生回到座位，换同组另一名成员进行活动。教师可以给两组分别计分，最后积分高的组获胜。

小贴士

❶ 教师可以背对黑板出示时间词卡片，让班里的其他学生读出时间，前面的学生做动作以调动全班学生的积极性。
❷ 注意关注没有做出来的同学，调动他们的兴趣。

44. 边画边猜[服饰]

说 集体

词汇2–9级

活动目的

通过看图猜词练习，帮助学生熟练掌握服饰类词语。

活动准备

教师事先掌握常见服饰的简笔画法，画法参考见第 231 页。

参考词语

衣服	衬衫·T恤·毛衣·背心·外套·裤子·牛仔裤·短裤·裙子·大衣·羽绒服·西装·套装
鞋袜	皮鞋·球鞋·拖鞋·凉鞋·袜子
配饰	帽子·领带·项链·戒指·眼镜·手套·围巾·手表

活动步骤

将全班学生分成两组。教师在黑板上画简笔图，每画完一笔，就问学生“这是什么？”两组学生抢答，先猜到的组得 1 分，猜错或没猜出来的组不得分。教师负责计分，最后积分高的组获胜。

小贴士

1. 教师也可以事先准备一些服饰图片，将图片剪成若干个小图块儿，活动时在黑板上一块块拼回，让学生抢答图片上的服饰是什么。
2. 此活动也可用于练习生活用品类、水果类、动物类、动作类词语等。

45. 颠来倒去［蔬菜］

词汇3-9级

活动目的

通过认读练习，帮助学生熟练掌握蔬菜类词语。

活动准备

复印活动页，见第 232 页。

★复印份数 = 学生人数

参考词语

萝卜 · 玉米 · 土豆 · 白菜 · 西红柿 · 黄瓜 · 南瓜 · 蒜 · 辣椒 · 蘑菇 · 红薯 · 茄子 · 豆子

活动步骤

❶ 发给每个学生一张活动页。教师说“开始”，学生根据图片重新排列拼音字母，并将其写在图片下方。

❷ 完成的学生举手示意，教师检查。

小贴士

此活动可用于练习各类词语。

46. 猜词游戏［家居用品］

词汇1-6级

活动目的

帮助学生熟练掌握家居用品类词语。

参考词语

家具	桌子 · 椅子 · 床 · 沙发 · 书柜
电器	电脑 · 电视 · 冰箱 · 洗衣机 · 空调 · 微波炉 · 电饭锅
家居用品	被子 · 镜子 · 台灯 · 闹钟 · 电话 · 毛巾 · 牙刷 · 牙膏 · 杯子

活动准备

❶ 制作一张大表格，第一行是插图，第二行是汉字（或拼音）；或第一行是汉字，第二行是拼音。两行的物品相同，但物品的排列顺序不同。如：

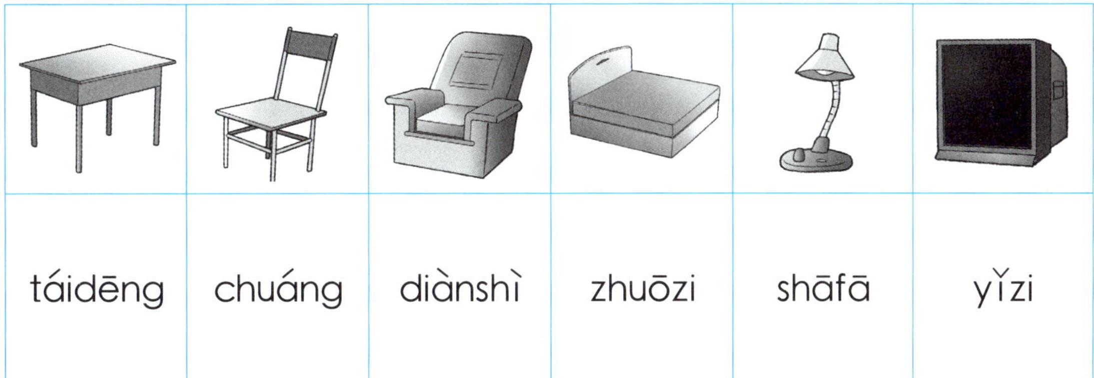

táidēng	chuáng	diànshì	zhuōzi	shāfā	yǐzi

❷ 将上表中的每个小方格用写有序号的小纸片盖上，并用胶带将纸片固定在表格上。如：

1	2	3	4	5	6
7	8	9	10	11	12

活动步骤

教师将表格贴在黑板上，然后找一个学生猜出上下两行中哪两个方格里的内容是一致的，并根据学生说的数字快速揭开小纸片。如果内容恰好对应（如学生选择了数字“2”和“12”，图片为“椅子”，拼音也为“椅子”），该学生获胜。如果内容不一致，教师就要重新盖上小纸片，请下一个学生继续猜。以此类推，直到所有词语都被猜出。

小贴士

1. 教师需要提醒学生，当小纸片被揭开时，其他人要努力记住该方格内的图画、拼音或汉字，以便轮到自己时可以准确说出来。
2. 此活动中词语的数量和表格的设计可根据教学情况灵活调整。
3. 教师也可灵活使用电脑（如幻灯片等），将上述实体游戏转化成数字化游戏。

47. 美食乐园［食品］

词汇1-9级

活动目的

帮助学生熟练掌握食品类词语。

参考词语

主　食	米饭·面条·面包·蛋糕·包子·饺子
肉　类	烤鸭·香肠·培根·鸡蛋
零　食	薯片·巧克力·饼干·花生
调　料	油·盐·酱油·醋·辣椒·葱·蒜·番茄酱

活动准备

❶ 准备一块橡皮或其他替代物。

❷ 将两张 A3 大小的白纸连在一起，在上面画一个表格。

	饺子		米饭
	番茄酱		面包
鸡蛋		花生	面条

❸ 准备一些表格内的食品，摆放在讲台上。

活动步骤

❶ 教师将表格平放在地上，让学生围站在四周。

❷ 学生轮流往表格上扔橡皮。如果扔到实物图格内，扔橡皮的学生要说出其汉语名称；如果扔在汉字格内，就要将汉字的拼音写在黑板上并翻译出来。

❸ 教师根据学生的完成情况选出获胜者，获胜者可到讲台前领取相应的食品作为奖励。

小贴士

❶ 此活动可用于练习各类词语，如花草、文具、服饰、动作类等。

❷ 如果发放食品作为奖励，要特别关注食品是否过期，是否有学生过敏等问题。为了避免这类问题，也可将奖励改为贴纸、小文具等。

48. 团队的力量〔动作〕

听 小组

词汇1-6级

活动目的

通过听辨反应练习，帮助学生熟练掌握动作类词语。

活动准备

准备一些大小相同的旧报纸。

★报纸张数 = 分组数量

参考词语

走・跑・站・跳・蹲・坐・躺・扭・伸・举・爬・拉・踢・拍・踩・跳舞・弯腰・转身・拥抱・抱・握・拿・摸

活动步骤

❶ 3—4 名学生一组，每组一张旧报纸，各组学生分别站在同一张报纸上。

❷ 教师说词语，如“跳”“走”等，学生要迅速做出相应的动作。

❸ 在做相应动作时，被挤出报纸或做错动作的学生出局，最后留在报纸上人数最多的组获胜。

小贴士

❶ 此活动开始前，教师最好带领学生一边说词语一边做动作，以帮助学生熟悉要练习的词语，同时为活动热身，以免在活动中因动作幅度过大而受伤。

❷ 随着活动的进展，教师可以把报纸逐步折小，以增加活动的难度，培养学生团队合作的能力。

❸ 如果找不到旧报纸，教师可以用粉笔在地上画出活动范围代替报纸。此活动也可以在户外进行。

❹ 此活动可用于练习运动类词语，如“打篮球、踢足球、游泳”等。

词语

49. 默契伙伴[日常活动]

词汇1-4级

活动目的

通过认读练习，帮助学生熟练掌握动作类词语或词组。

参考词语

起床 · 刷牙 · 穿衣服 · 戴帽子 · 开门 · 关门 · 出门 · 骑自行车 · 上课 · 看书 · 回家 · 做饭 · 吃饭 · 吃水果 · 喝水 · 洗手 · 洗衣服 · 上网 · 玩游戏 · 看电影 · 看电视 · 洗澡 · 睡觉

活动准备

选择要练习的词或词组，制成词语卡片。

活动步骤

两名学生一组，教师举卡片，学生A看卡片做动作，学生B不看卡片，根据学生A的动作猜词。在规定时间内（如1分钟）猜对最多词语的组获胜。

小贴士

1. 可以将"根据动作猜词"的形式变成"根据描述猜词"，让学生用其他汉语词或句子来描述要猜的词语。
2. 可以找两个学生到教室前面一起猜词，其他学生根据卡片的提示做动作或共同描述，先猜到词语的学生获胜。
3. 此活动可用于练习动作类词语（如"跑、跳、走、坐"），运动类词语（如"打乒乓球、游泳、跳绳"）或情感与心理活动类词语（如"高兴、生气、伤心"）等。
4. 教师可以设计一些简单的句子让学生用动作表演出来，如"我正在擦桌子"，"他骑自行车回家"等，使活动更具趣味性。

50. 指东向西[方位词]

听 集体

词汇1-3级

活动目的

通过听辨反应练习，帮助学生熟练掌握方位词和相关句型。

参考词语与句型

前（边）· 后（边）· 左（边）· 右（边）· 上（边）· 下（边）· 东（边）· 西（边）· 南（边）· 北（边）· 里（边）· 外（边）

向/往……走 · 向/往……看 · 向/往……拐 · 向/往……转 · 向/往……跑 · 从……来 · 在……

活动步骤

❶ 4—6 名学生一组，并排站到教室中间的空地上。教师用方位词进行指挥，先做“指东向东”的练习，如教师说“向右看”，学生要快速向右看去。

❷ 学生熟悉了方位词以后，教师再组织“指东向西”的练习，如教师说“向前走”，学生则要向后走；教师说“向右拐”，学生则要向左拐。

❸ 做错的学生要被淘汰，坚持到最后的学生获胜。

小贴士

❶ 教师可以越说越快，或将两个指令合起来说，如“向前走，向右看”，以增加活动的难度和挑战性。

❷ 教师可以自编歌谣或口诀，将此活动设计成简单的课间操，如“向前走，我们一起向前走；向后走，我们一起向后走……”。

51. 蒙眼指路［方位词］

词汇1-3级

活动目的

通过听说反应练习，帮助学生熟练掌握方位词和相关句型。

活动准备

准备两条蒙眼布。

活动步骤

❶ 教师先将要练习的句型写在黑板上，如“一直走、往左/右拐、向前/后走、向前/后/左/右一点儿”等。

❷ 将全班学生分成两组，每组选一个学生到教室前面，教师用蒙眼布蒙上他们的眼睛。

❸ 教师用手指班里的某个学生或某件物品，两组学生分别为本组参加比赛的选手指路，帮助他/她找到指定的学生或物品。指路时要尽量用到教师规定的句型，但不能说出指定学生的名字或物品的名称。各组选手可以提问，如“往哪儿走？”

❹ 先摸到指定学生或物品的选手获胜，为所在的组得1分。各组派另一个选手继续参加活动，教师负责计分，最后积分高的组获胜。

小贴士

活动进行时，各组学生可以用语言互相干扰，如模仿对组学生说话等，以增加活动的趣味性。

52. 卡片配对［动物］

词汇2–5级

活动目的

通过卡片游戏，帮助学生熟练掌握动物类词语。

活动准备

选择要练习的词语，制成词语卡片若干套，每套卡片都包含图片卡和汉字卡两种，内容一一对应。动物卡片可参考第 233 页。

★卡片套数 = 分组数量

参考词语

狗 · 猫 · 熊猫 · 兔 · 猴子 · 老虎 · 大象 · 熊 · 鹿 · 鱼 · 鸡 · 鸭 · 猪 · 牛 · 马 · 羊 · 鸟

活动步骤

❶ 3—4 名学生一组，每组一套卡片。各组先把本组所有的卡片都正面朝下摆在桌子上，然后学生轮流翻卡片，每人每次任意翻开两张。如果两张卡片的图文正好一致（如一张是“熊猫”的图片卡，另一张是“熊猫”的汉字卡），那么该学生说出对应的词语，并展示给其他的学生，然后拿走这两张卡片。如果翻开的卡片图文不一致，学生要把卡片正面朝下放回原处，换其他学生继续翻卡片。

❷ 桌子上的卡片都被拿走以后，拿到最多卡片的组员获胜。各组将卡片打乱顺序重新摆放，重复这个活动。

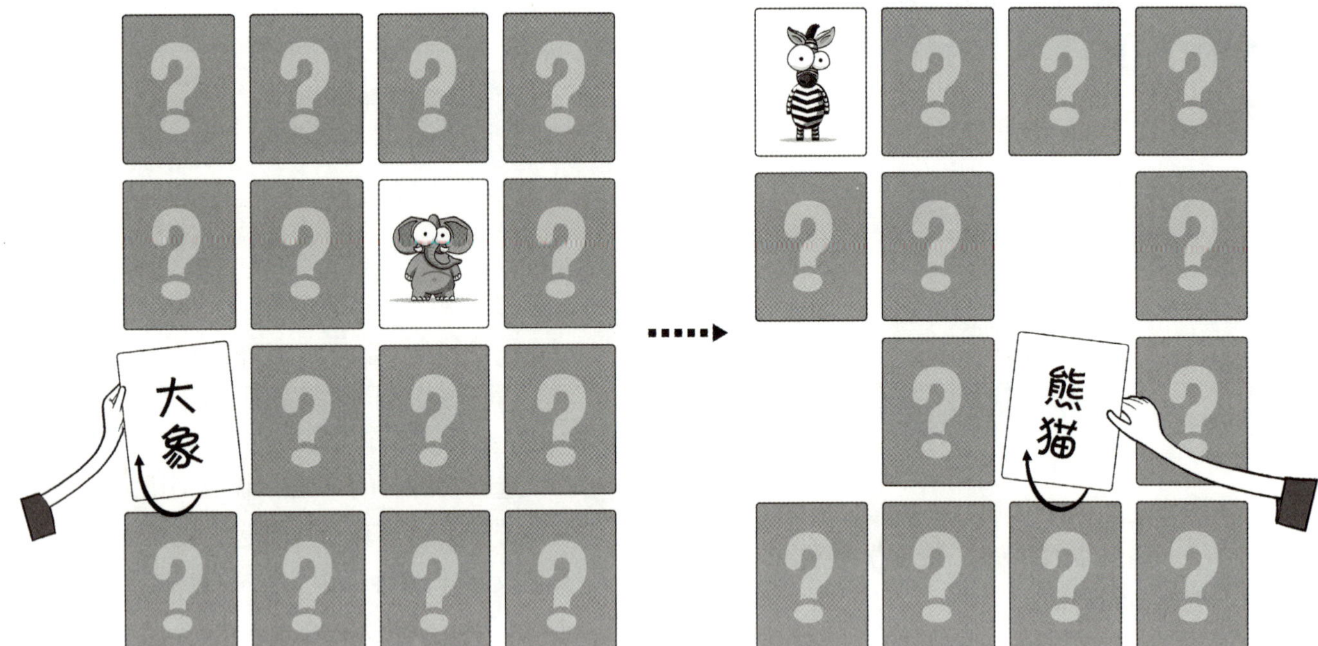

小贴士

1. 教师可以用拼音或词语的母语翻译来代替图片或汉字。
2. 如果班里的学生人数较少，教师可以制作一套尺寸较大的卡片，将其平铺在教室中间的空地上，让全班学生共同参与这个活动。
3. 此活动可用于练习各类词语，也可用于练习有语义关联的词语，比如“熊猫—竹子、鸟—虫子、大象—香蕉”等。
4. 如果班级人数较多，可以制作幻灯片来代替卡片。

53. 时间猜猜猜［时间 日期］

听 说 集体

词汇1–9级

活动目的

通过听辨反应练习，帮助学生熟练掌握时间和日期类词语。

活动准备

准备空白小纸片若干张。

★纸片张数 = 学生数量

参考词语与句型

前年 · 去年 · 今年 · 明年 · 后年 · 上个月 · 这个月 · 下个月 · 大下个月 · 大上个星期 · 上个星期 · 这个星期 · 下个星期 · 大下个星期 · 大前天 · 前天 · 昨天 · 今天 · 明天 · 后天 · 大后天 · × 年 × 月 × 日 · 星期 × · 凌晨 · 早晨 · 上午 · 中午 · 下午 · 傍晚 · 晚上 · 半夜 · 深夜 · 现在 · 刚才

是……吗？ · 是不是……？ · 是……还是……？

活动步骤

❶ 教师将要练习的词语写在黑板上，再发给每个学生一张空白小纸片。

❷ 每个学生在纸片上写一个时间或日期。教师任意找一个学生到教室前面，其他学生通过提问猜出他纸片上的内容，如"是一月还是三月？""是不是二十号？"，站在教室前面的学生只能用"是"或"不是"回答。

❸ 猜对的学生替换教室前面的学生，继续进行这个活动。

小贴士

① 教师可以将全班学生分成两组进行比赛，看哪组先猜对。

② 此活动也可用于猜生日，学生将自己的生日写在小纸片上，其他学生提问。

③ 此活动可用于练习各类词语，练习时教师需要给出词语的范围。

④ 如果学生猜了许多仍然不对，教师可以给予适当提示，如给学生圈定一个范围，以提高游戏效率。

词语

54. 词语跳跳跳［学习用品］

词汇1-6级

活动目的

通过听辨反应练习，帮助学生熟练掌握学习用品类词语。

活动准备

选择要练习的词语，制成词语卡片。

参考词语

铅笔 · 钢笔 · 圆珠笔 · 书 · 课本 · 纸 · 字典 · 本子 · 橡皮 · 剪刀 · 尺子 · 胶水 · 地图 · 电脑 · 鼠标 · 键盘

活动步骤

❶ 学生围成一个圈或站成一排，教师发给每个学生一张词语卡片。

❷ 教师先做示范——手持“剪刀”卡片，观察旁边学生手中卡片上的内容（如“尺子”），然后一边跳一边说“剪刀跳，剪刀跳，剪刀跳完，尺子跳”，旁边拿着“尺子”卡片的学生接着说“尺子跳，尺子跳，尺子跳完，……跳”……以此类推，直到所有的学生都得到了练习。

❸ 学生熟悉了游戏规则以后，教师可要求学生随机说出下一个要“跳”的词语，而不是按排队的顺序进行。

小贴士

❶ 在此活动进行过程中，教师可以随时更换学生手中的卡片。

❷ 如果班里的学生人数较多，教师可以将全班学生分成几组进行，或每次选出几个学生到教室前面进行活动。

❸ 此活动可用于练习各类词语，也可以把“跳”换成其他动词，如“蹲、拍（手）、跑”等。

55. 嘻哈练词［交通工具］

词汇1-7级

活动目的

通过听说反应练习，帮助学生熟练掌握交通工具类词语。

参考词语

自行车・汽车・公共汽车・火车・地铁・摩托・出租车・轮船・飞机・直升机

活动步骤

❶ 教师和学生事先约定一种节奏，如拍两下手，拍两下膝盖，然后再拍两下手并同时说出词语。教师在黑板上写出要练习的词语类别，如“交通工具”。

❷ 教师先示范——拍手、拍膝盖，然后拍手说词（如“出租车”），做完后迅速说出一个学生的名字，该学生要用同样的节奏说出另一个词语（如“自行车”），以此类推。注意，每个学生说的词语不能重复，重复、说不出或者说错的学生要表演小节目。

小贴士

1. 此活动开始前，教师可以先带领学生复习要练习的词语。
2. 教师可以逐渐加快拍手的节奏，以增加活动的难度和挑战性。
3. 教师可以自己设计拍击次数和动作，如拍肩、交叉手臂拍胳膊等，以增加活动的趣味性。
4. 此活动开始时可先按学生的座位顺序接词，玩熟练以后，就可以不按顺序接词，由说词的学生指定接词的学生，用手指或说名字都可以。
5. 此活动可用于练习各类词语，也可用于练习包含相同汉字的词语，如以“电”字开头的“电灯、电话、电视机”等，以“国”字结尾的“中国、美国、法国”等。

56. 抢拍词语［职业］

词汇1-4级

活动目的

通过听记反应练习，帮助学生熟练掌握职业类词语。

活动准备

选择要练习的词语，将词语制成幻灯片，也可以制成小卡片贴在大纸板上。

参考词语

老师・律师・演员・警察・医生/大夫・护士・作家・农民・司机・导游・法官・记者・教授・总统・教练

活动步骤

❶ 将全班学生分成两组，每组选一名学生到黑板前面。

❷ 教师说一个词语，两名学生迅速用手或拍子抢拍黑板上的那个词语，先拍到的学生为所在的组得 1 分。

❸ 黑板前的两个学生抢拍 4—5 个词语以后，教师换其他学生继续进行这个活动。教师负责计分，最后积分高的组获胜。

小贴士

❶ 教师可以用图片或拼音代替词语，或将卡片放在地上，说出相关词语时可以让学生用脚踩。

❷ 教师可以让 4—6 名学生一组围站在桌子旁边。教师将词语卡片散放在桌子上，然后说词语，学生用手抢拍。最先拍对的学生收起卡片，抢到最多卡片的学生获胜。

词语

57. 找字组词[健康]

词汇1-7级

活动目的

通过组字成词的练习，帮助学生熟练掌握健康类词语。

参考词语

咳嗽・发烧・头疼・嗓子疼・眼睛疼・腿疼・胃疼・吃药・打针・生病・感冒・舒服・不舒服・医院・喝水・健康・难受

活动准备

选择要练习的词语，将词语中的每个汉字分别制成卡片。

★卡片数量＝学生数量

活动步骤

❶ 教师将汉字卡片打乱顺序，发给每个学生一张；也可以事先将卡片藏在学生的书桌内或粘在椅子下边。

❷ 学生拿自己手中的卡片去和别人的卡片拼成词，拼好后，一起走到教师面前，大声读出词语。如果拼读正确，教师给学生一个奖励的小印章或是小贴纸。以此类推，直到所有的词语都被拼读出来。

小贴士

❶ 此活动可用于练习词语搭配，如动宾搭配（打—篮球、踢—足球、看—报纸、洗—衣服、擦—玻璃），数量词和名词搭配（一匹—马、一座—山、一架—飞机、一棵—树、一本—书）等。

❷ 此活动也可用于练习语音。教师在每张卡片上写出不同的拼音字母，让学生拼读出正确的音节。

58. 抢椅子[国家 城市]

听 集体

词汇1-3级

活动目的

通过听辨反应练习帮助学生熟练掌握国家和城市名称。

参考词语

中国・日本・韩国・德国・英国・美国・法国・俄罗斯

活动准备

❶ 选择要练习的词语，制成词语小卡片，相同的词语要准备两份以上。

★卡片总数 > 参加活动的学生人数

❷ 准备足够数量的椅子和别针。

★椅子数量 = 参加活动的学生人数 -1

活动步骤

❶ 教师将椅子围成一圈，让参加活动的学生分别坐在椅子上，另外再安排一个学生站在圆圈中间。如 9 个学生参与活动，需要准备 8 把椅子。

❷ 教师将词语卡片随机发给学生，让学生用别针把卡片别在胸前。

❸ 教师说一个词语，如“德国”，别着卡片“德国”的学生要快速互换座位，站在圆圈中间的学生借此机会要尽力抢到一个座位。

❹ 反应错误或没有抢到椅子的学生要回答一个问题或表演小节目，然后站在圆圈中间，继续进行这个活动。

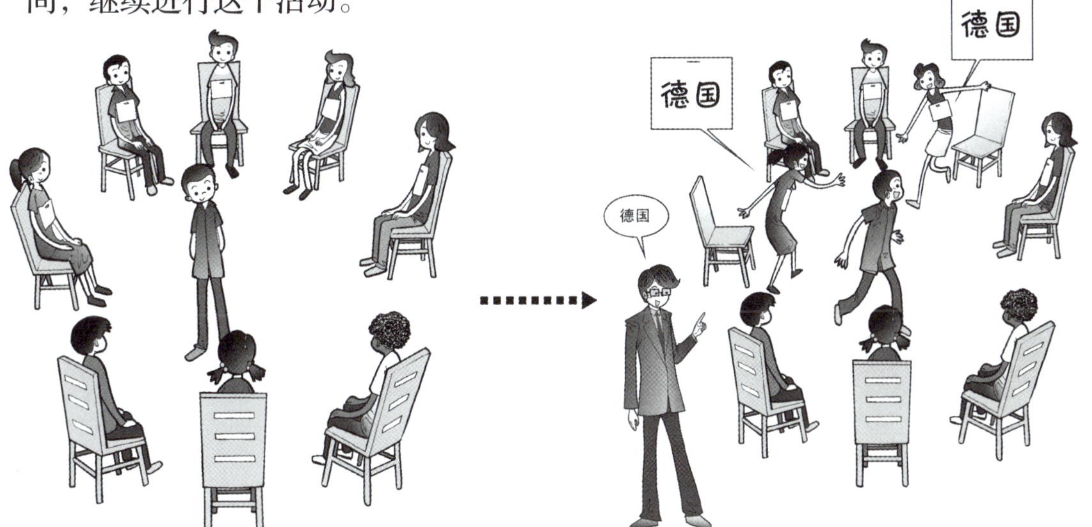

小贴士

1. 教师可以同时读出两个或两个以上的词语，以增加活动的趣味性。
2. 教师可以根据教室的大小灵活规定参与人数。如果学生人数多，就分几组轮流进行。
3. “抢椅子”的活动也可以这样进行：

   将椅子摆成一圈，让参加活动的全部学生围成一圈站在椅子前面，椅子的数量要比参加活动的学生人数少一个。教师说“开始”，学生绕圈走，教师说“停”，学生要就近迅速抢到一个椅子坐下。没有抢到椅子的学生要回答一个问题或表演小节目。表演的节目可以是之前学习过的歌曲或是舞蹈；问题可以围绕不同国家相关的明星、人物、动物等等展开。起到呼应、复习的作用。
4. 虽然《国际中文教育中文水平等级标准》中未涉及其他国家的国家名，但作为初级阶段的学生，学习自己国家的中文名称是有必要的。教师可根据班级内学生情况，如果都来自同一国家，也可安排与城市名称有关的活动。

59. 移动的处所[处所 方位词]

词汇1-4级

活动目的

通过听辨反应练习，帮助学生熟练掌握处所和方位类词语。

参考词语

火车站 • 地铁站 • 公共汽车站 • 机场 • 工厂 • 公园 • 学校 • 医院 • 超市 • 商场 • 商店 • 书店 • 饭店 • 快餐店 • 图书馆 • 银行 • 邮局 • 旅馆 • 洗手间

活动准备

选择要练习的词语，制成词语卡片。

活动步骤

❶ 教师先为学生确定教室里的方位，如东西南北、前后左右，然后找一个学生拿一张卡片（如“书店”），大家站在教室中间，作为参考位置。

❷ 选 4—6 名学生到教室前面，发给每人一张卡片。

❸ 教师可以说一组句子，比如“超市在书店的西边，医院在书店的北边，旅馆在超市的南边”，让持卡片的学生听完句子后一起找位置。

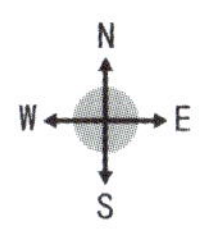

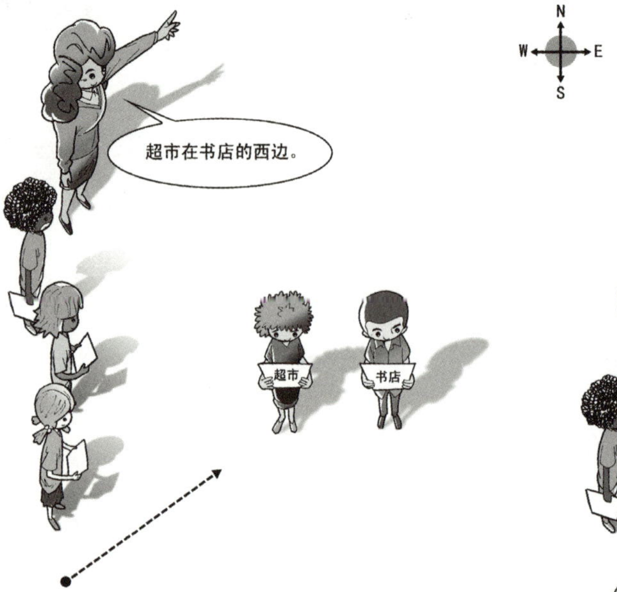

超市在书店的西边。

超市　书店

医院在书店的北边。

医院　超市　书店

旅馆在超市的南边。

医院　超市　书店　旅馆

小贴士

1. 教师可以先通过听写的方式带领学生自制卡片，然后用学生自制的卡片进行活动。
2. 卡片可以结合学生感兴趣的内容或者经常去的场所，帮助学生在生活中学以致用。

60. 速递公司[量词]

听 小组 集体

词汇1-5级

活动目的

通过听辨反应练习，帮助学生熟练掌握数量词和名词的搭配。

参考词语

量词	名词	量词	名词
个	人・苹果・老师・家庭・社会	件	礼物・衣服・外套・衬衫・事情
颗	葡萄・星星・心	条	马路・河・鱼・蛇・裤子・领带
根	黄瓜・香肠・头发・手指	张	桌子・纸・照片・电影票・床
只	手・羊・猴子・熊猫・猫		

活动准备

❶ 选择一些数词以及可以搭配的量词和名词若干组，将每个词语都制成一张卡片，准备相同内容的卡片若干套。

★卡片套数 = 分组数量

❷ 准备若干枚自制的小奖章

活动步骤

❶ 4—6 名学生一组，组成一个“速递公司”。各组先给自己的“公司”取一个名字，然后教师发给每组一套卡片。教师说一个数量名词组，如“五只猴子”，各家“公司”快速找到相关的卡片（“五”“只”“猴子”），派一个“快递员”将其送到教师手中。

❷ 最先正确完成任务的“速递公司”得到一枚小奖章。教师将学生交上来的卡片重新发给各组，继续进行活动。最后获得最多奖章的“公司”获胜。

小贴士

❶ 在此活动中，教师可以说出各组卡片里没有的东西，以增加活动的趣味性。

❷ 教师可以带领学生自制卡片，如让女生写出数字，让男生写出教师指定类别的名词（可以写汉字、拼音、词语翻译或画图），写完后交给教师，教师根据学生所写的名词准备量词卡片。

61. 捉乌龟［量词］

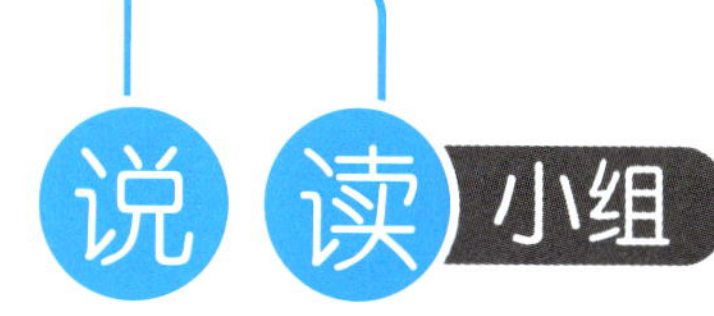

词汇1–3级

活动目的

通过纸牌游戏，帮助学生熟练掌握量词和名词的搭配。

活动准备

❶ 复印活动页，见第 234 页，准备和活动页等大的硬纸板。

★活动页复印份数、硬纸板数量 = 学生人数 /2

❷ 根据分组情况准备剪刀和胶棒。

活动步骤

❶ 四个学生一组，教师发给每组两张活动页和两张硬纸板，以及一套剪刀和胶棒。各组先将活动页粘在硬纸板上，然后剪裁下来，制成一副纸牌。

❷ 各组将两套纸牌混在一起，牌面朝下，组员轮流抓牌，所有纸牌都抓完后，每人先把自己手中能够搭配的名词和量词抽出来放在桌子上。

❸ 各组学生按顺序互相抽牌。如果抽到可以和自己手中词语配对的名词或量词，就将两张牌放在桌子上，并说出一个完整的数量名搭配，如“一张桌子”“一件衣服”等。最后，手里剩下“乌龟”卡片的同学，以及手里剩下卡片数量最多的同学要分别模仿乌龟行走，或表演小节目。

小贴士

❶ 各组的人数可灵活调整，人数多的时候，教师可多发给每组几张活动页。

❷ 活动页上词语的数量可根据学生水平的高低进行增减，“乌龟”也可以用其他词语或图片代替。

❸ 此活动可用于练习各种词语搭配，如定语和中心语搭配、动词和宾语搭配等。

词语

62. 词语捉迷藏［形容词］

词汇1-5级

活动目的

通过听读练习，帮助学生熟练掌握形容词。

参考词语

主要用来形容人的	快乐・伤心・活泼・可爱・善良・幽默・高・矮・胖・瘦・年轻・老・健康・美丽・漂亮・丑・高兴・难过・聪明
主要用来形容事物的	大・小・长・短・粗・细・轻・重・厚・薄・硬・软・远・近・快・慢・新・旧・冷・热・凉・暖和

活动准备

❶ 选择要练习的词语，将其写在卡片上（卡片参考尺寸：A4 纸的 1/4 大小）。

❷ 胶条若干。

活动步骤

❶ 教师将词语卡片两两一组贴在黑板上。

❷ 三个学生 A、B、C 一组，学生 A 任意选一个词说出来，如“健康”，学生 B 指出该词语并任意说出另外一个词，如“生气”，学生 C 找到“生气”的位置，然后说句子：“‘生气’在‘健康’的下边的下边。”

小贴士

❶ 教师可以两张卡片重合贴在一起，让学生翻找或猜出词语。

❷ 教师可以将多张卡片整齐地粘贴在黑板上。教师说出某个词语和指令，如“美丽——右边的上边”，学生找到相应的词语——“漂亮”，并抢答出来。

❸ 活动开始之前，教师可以先带学生复习活动中会用到的方位词，比如“上”“下”“左”“右”等等。

63. 同类排队[同类词语]

词汇1-4级

活动目的

通过听记反应练习，帮助学生复习所学词语，按语义或词性给词语归类。

活动准备

选择要练习的几类词语，制成词语卡片。

★卡片总数＝学生人数

参考内容

按话题分类	家人・颜色・时间・动物・植物・五官和身体部位・家居用品・学习用品・交通工具・食品・蔬菜・水果・动作・自然・天气・职业・身体部位・国家・城市・处所
按词性分类	名词・动词・形容词・代词・数词・量词・副词・介词・连词・助词

活动步骤

❶ 教师随机发给每个学生一张词语卡片。教师说词语，如“苹果”，拿该卡片的学生举起卡片重复一遍词语。

❷ 教师继续说词语，直到所有学生手中的卡片都被读到。教师说“开始站队”，拿同类卡片的学生要迅速站成一队（如拿水果词的学生站成一队，拿颜色词的学生站成一队），看哪组学生做得又快又好。

❸ 教师收回卡片，打乱顺序，再将卡片重新发给学生，重复这个活动。

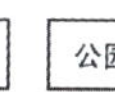

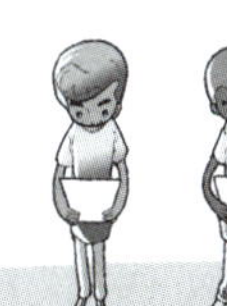

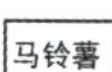

小贴士

❶ 此活动开始前，教师可以先带领学生熟悉要练习的词语类别。

❷ 此活动也可用于练习语音，如让拿着含有相同声母、韵母或声调的音节卡片的学生站成一队；还可用于练习汉字，如让拿着相同偏旁的汉字卡片的学生站成一队。

64. 词语加减法［词语操练］

 词汇1-4级

活动目的

通过听记读练习，帮助学生熟悉所学词语。

活动准备

选择要练习的词语，制成简单的词语卡片。

活动步骤

❶ 教师展示词语卡片，带领学生熟读卡片上的词语，然后在黑板上写出游戏规则：N+1，即学生读词语的次数要比教师多一次。

❷ 将全班学生分成两组，轮流参加比赛，每次练一个词语，教师在黑板上用“正”字法记分。比赛开始，教师向一个组展示一张词语卡片，同时快速说三遍，如“漂亮、漂亮、漂亮”。

❸ 指定的组一起重复 N+1 遍词语，即四遍，如“漂亮、漂亮、漂亮、漂亮”。如果反应正确，教师就在黑板上写一笔“正”字的笔画，如果反应错误就不写笔画。最后得到最多“正”字的组获胜。

小贴士

❶ 教师可以让两个或多个小组一组接一组地重复词语，如教师说一遍词语，A 组说两遍，B 组说三遍，以此类推。

❷ 教师可以根据活动进展情况适当调整读词的速度，也可以将活动规则变为“+2”“−1”“−2”等。

❸ 教师可以将游戏中的词语卡片用幻灯片替代。

❹ 如果学生水平较低，可以将“正”字法记分改为用数字法记分，顺便带学生回顾之前学习过的数字，提高生词的复现率。

65. 词语斑马线[词语游戏]

词汇1-9级

活动目的

通过认读游戏，帮助学生复习所学词语。

活动准备

❶ 选择要练习的词语，制成尺寸较大的词语卡片（大小以学生可以踩在卡片上为标准）。

❷ 奖励学生用的小红旗若干面。

活动步骤

❶ 在教室中间空出活动区域。教师将词语卡片正面朝上，一个挨一个分两排平铺在地上，摆成一道“斑马线”。

❷ 将全班学生分成两组，分别站在“斑马线”的两端。各组每次派一个学生从卡片上走过去，踩在哪张卡片上就要读出卡片上的词语。

❸ 如果读不出或读错词语，该学生要退回到原点，排到队伍后边等待下一次机会。如果在“斑马线”上走了一个来回读对了所有卡片，就可以得到一面小红旗作为奖励。在规定时间内走过“斑马线”人数最多的组获胜。

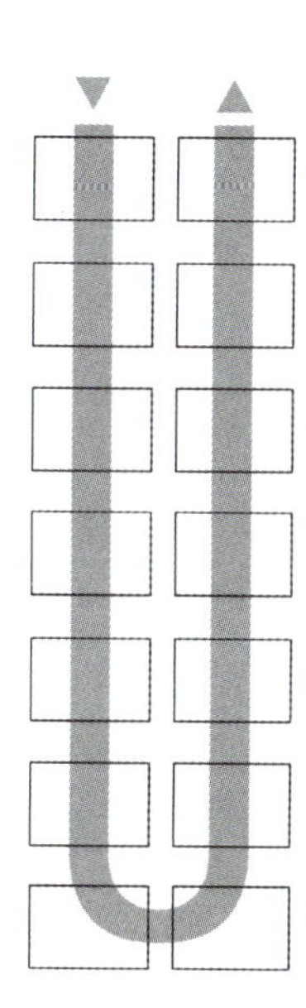

小贴士

❶ 可以用拼音、图片或相应的翻译代替词语。

❷ 在活动过程中，教师可以随时替换卡片或调整卡片的顺序。

❸ 可以根据学生的水平增减卡片数量；也可以将卡片摆成圆圈、波浪线等其他形状，以增加活动的趣味性。

❹ 活动也可用“跳格子”的形式进行，游戏操作规则相同。教师在格子上展示词语，让学生根据指示完成游戏。

词语

66. 词语大变身［词语游戏］

词汇1-9级

活动目的

通过游戏，帮助学生复习所学词语。

活动准备

❶ 选择要练习的词语，制成词语卡片，尽量选用质地较硬的纸，卡片尺寸不宜过大。卡片正面是图画或翻译，背面是相应的拼音或汉字。

❷ 制作一个“魔术盒子”，具体制作步骤见右页。

活动步骤

❶ 教师展示词语卡片的图画或翻译一面，让学生轮流说出词语。

❷ 如果有学生说错了，教师就将该词语卡片交给他。注意图画或翻译一面一定要朝上，不让学生看到背面的内容。

❸ 教师示意学生将卡片插入盒子的入口。稍后，卡片从盒子的出口滑出，拼音或汉字一面朝上，学生读一遍词语，教师纠正。

小贴士

① 教师可以发挥想象力和创造力，将盒子设计成各种不同的造型，以调动学生的兴趣，参考图样见第235—238页。

制作步骤

1. 对照图示，将废纸盒其中一面的阴影部分剪去，分别作为盒子的“入口”和“出口”。
2. 准备两张纸，沿虚线部分折叠。
3. 将一张纸的一端贴在“入口”的下方，另一端贴在“出口”上方，在盒子里形成一个弧形。
4. 将另一张纸的一端贴在“出口”下方，另一端贴在盒子的另一面内壁上方。
5. 将盒子的口封上，贴上可爱的图案。

67. 考眼力［词语游戏］

词汇1–9级

活动目的

通过记词游戏，帮助学生复习所学词语。

活动准备

选择要练习的词语，制成词语卡片，每套卡片以 8—10 个词为宜。

★卡片套数 = 分组数量

活动步骤

❶ 4—6 名学生一组，每组选一名组长，教师发给每组一套卡片。

❷ 组长先逐一展示词语卡片，其他组员快速识记，随后组长指定一个学生任意说出卡片中的一个词语，如“美术”，说完后组长将卡片重新洗牌，正面朝下叠放在桌子上。组长逐张翻开卡片，如果翻开的卡片不是“美术”，就将其正面朝下放在这叠卡片的最下方；如果翻开的卡片是“美术”，所有组员要快速用手去拍卡片，最先拍到的学生可以得到这张卡片。

❸ 一轮游戏结束后，组长打乱卡片顺序，换一个学生说出另一个词语，重复这个游戏。活动结束后，得到最多卡片的学生获胜。

小贴士

此活动也可用于练习拼音和汉字。

68. Bingo!［词语游戏］

听 读 写 单人 集体

词汇1-9级

活动目的

通过听写或读写游戏，帮助学生复习所学词语。

活动准备

准备并复印活动页，见图例。

★复印份数 = 学生人数

活动页示例

活动步骤

❶ 发给每个学生一张活动页。教师依次说出 25 个词语，学生将其任意写在活动页上的空格里。

❷ 教师打乱顺序重复说这 25 个词语，学生在听到的词语上画 ×。当同一横行、竖行或斜行五个格都画满 × 时，可以连成一条线。先连好九条线的学生举手说 “Bingo”，教师检查，做对的学生得到教师的小奖励。

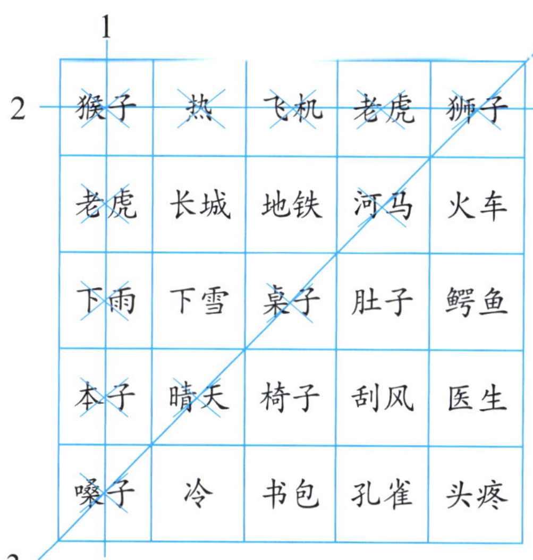

小贴士

❶ 此活动也可以安排两个学生一组进行。

❷ 教师可以灵活调整游戏规则，如连好六条线为胜，或连好九条线同时有两条交叉线的为胜。

❸ 教师可以将“听—写”的方式变成“读—写”的方式，即教师将要练习的 25 个词语写在黑板上，学生将这些词语任意抄写在空格里，然后听词连线。

❹ 此活动适合已有一定词汇储备量的学生。也可以将词语改成拼音，以适合初级水平的学生。

69. 词语接龙〔词语游戏〕

说 集体

词汇1-9级

活动目的

通过词语接龙游戏，帮助学生复习所学词语。

活动步骤

❶ 将全班学生分成两组。教师在黑板上写一个汉字，如“小”。

❷ 两组学生做词语接龙，如“小——小吃（A 组）——吃饭（B 组）——饭店（A 组）……”教师把两组学生说出的词语写在黑板上，接出最多正确词语的组获胜。

小贴士

① 此活动适用于掌握了一定词汇量的学生，教师需要对学生可能会说出的词语有一定的预期。为了降低难度，教师可以允许学生使用工具书，也可以允许学生说词组，如“学汉语”“打电话”等。

② 可以将全班学生分成几组，教师给出一个字，各组各自做词语接龙活动，并把词语写在纸上，在规定时间内接出最多正确词语的组获胜；也可以让各组自行选字进行词语接龙，看哪组选的字能接出最多词语。

③ 此活动也可用于句型练习，教师先说一个词，如“我”，每个学生接一个词，和前边的词连在一起，直到说出一个完整的句子，如“我——要——吃——两——个——苹果”。

④ 当学生的水平不够时，教师可以在黑板或幻灯片上准备“小词库”，学生接不上来时可以参考“小词库”里的词。

70. 填格子〔动宾搭配〕

词汇1-6级

活动目的

通过填表格游戏，帮助学生熟练掌握由动词和名词构成的动宾搭配。

参考词语

吃—米饭 · 包子 · 饺子 · 面条 · 面包 · 葡萄 · 零食 · 蔬菜 · 肉 · 糖

喝—饮料 · 牛奶 · 果汁 · 啤酒 · 凉水 · 热水 · 可乐 · 咖啡 · 茶

穿—衣服 · 裤子 · 裙子 · 袜子 · 皮鞋 · 西装 · 短裤 · 毛衣

戴—领带 · 帽子 · 手表 · 耳环 · 手套 · 围巾 · 眼镜 · 耳机

坐—汽车 · 校车 · 马车 · 地铁 · 火车 · 飞机 · 椅子 · 沙发 · 座位

打—电话 · 针 · 伞 · 车 · 招呼 · 篮球 · 排球 · 羽毛球

看—电影 · 电视 · 比赛 · 话剧 · 演出 · 报纸 · 杂志 · 书

活动准备

❶ 准备并复印活动页，见图例。

	*		*	
*				*
		吃		
*				*
	*		*	

❷ 准备色子若干个。

★活动页复印份数 / 色子数量 = 学生人数 /2

活动步骤

❶ 两个学生一组，教师发给每组一张活动页和一个色子。两个组员轮流掷色子，点数大的学生在空格里写字组词，规则是：在能跟“吃”连成一条线的空格里写出能跟“吃”搭配的词语，在不能跟“吃”连成一条线的空格里写出不能跟“吃”搭配的词语（详见本页图例）。注意，两个学生要用不同颜色的笔以示区别，而且同样的词不能重复。

❷ 所有空格都被填满后，各组学生将活动页交给教师检查，写得又快又好的组可以得到教师的小奖励。

糖	*电脑	火锅	*可乐	鱼
*学校	牛肉	汉堡	西红柿	*头发
草莓	面包	吃	苹果	包子
*爸爸	蛋糕	香蕉	西瓜	*红茶
饺子	*牛奶	西兰花	*手机	三明治

71. 词语碰碰车［定中搭配］

词汇1-5级

活动目的

通过词语配对练习，帮助学生熟练掌握由定语和中心语构成的定中搭配。

参考词语

不带“的”	好朋友 · 新手机 · 旧衣服 · 大耳朵 · 长头发 · 很多人 · 木头椅子 · 汉语老师 · 中国地图 · 小事
带“的”	老师的书包 · 爸爸的生日 · 好吃的饼干 · 好喝的绿茶 · 红色的钱包 · 漂亮的裙子 · 可爱的小狗 · 热闹的商场 · 干净的街道 · 整齐的房间 · 安静的教室 · 重要的日子 · 高高的个子 · 大大的眼睛 · 桌子上的书

活动准备

❶ 选择要练习的可以充当定语和中心语的词（选择时要考虑词语搭配问题，最好能够一一搭配，即两类词语数量相等），分别制成简单的词语卡片（教师可以不写出“的”字，让学生根据搭配情况自己决定是否要用“的”）。

★ 卡片总数 = 学生人数

❷ 奖励小贴画若干张。

活动步骤

❶ 发给每个学生一张词语卡片。教师说“开始”，学生离开座位在教室里走动，迅速找到能跟自己卡片上的词相搭配的另一个词语，如持有卡片“好吃”和“饼干”的两个学生可以结成一对。注意，每人每次只能找一个伙伴进行词语搭配。

❷ 搭配成功的两个学生一起走到教师面前读出搭配好的短语，教师核查后将卡片收回，然后奖励每人一张小贴画，让学生将小贴画贴在脸上、手臂上或衣服上等位置。没有找到搭配词语或搭配不正确的学生不能得到奖励。

❸ 教师将卡片打乱顺序后重新发给学生，重复这个活动。看谁集得的小贴画最多。

小贴士

此活动可用于练习各种词语搭配，如动宾搭配、名词和量词搭配等；也可用于练习形容词谓语句等句型。

72. 词语争霸赛[词语复习]

词汇1-9级

活动目的

通过认读练习，帮助学生复习所学词语。

活动准备

选择要练习的词语，制成词语卡片。按照难度将词语分成简单、一般、较难三类，在卡片背面分别标注1分、2分、3分。如：

同学	1	睡觉	2	决定	3
正	背	正	背	正	背

活动步骤

❶ 教师将词语卡片贴在黑板上，分值一面朝外。

❷ 将全班学生分成两组，每组轮流派一个学生参加比赛。参赛学生到黑板前任选一张卡片，然后将卡片翻转过来，读出上边的词语。读对则为本组加上相应的分数，读错或读不出来则要减去相应的分数。各组的起始分数为20分，教师负责计分，最后积分高的组获胜。

小贴士

1. 教师可以做两套内容不同的卡片，将全班学生分成两组，发给每组一套。各组轮流派学生自由选取对方组员手中不同分值的卡片进行认读，教师负责计分。
2. 卡片正面可以是词语的图画或翻译，让学生根据提示说出相应的词语。
3. 此活动也可用于练习语音、汉字或句子。
4. 该游戏也可以结合幻灯片做成动画的形式。

73. 快速记忆［词语游戏］

词汇1–9级

活动目的

通过记忆游戏，帮助学生复习所学词语。

活动准备

选择要练习的词语（每组6—10个词语为宜），制成词语卡片。

活动步骤

❶ 教师逐一展示词语卡片，领读所有词语。

❷ 教师任意抽取一张或几张词语卡片放在旁边，不让学生看到被抽走的卡片上的词语，然后再次逐一展示并领读手中剩下的词语（根据情况读1～3遍），读完后学生回忆少了哪些词语，将其写在本子上。

❸ 教师展示抽出的卡片，公布答案，学生两人一组，互相检查。

❹ 教师打乱词语卡片的顺序，抽走其他词语卡片，重复这个活动。

小贴士

① 此活动可以制作幻灯片。

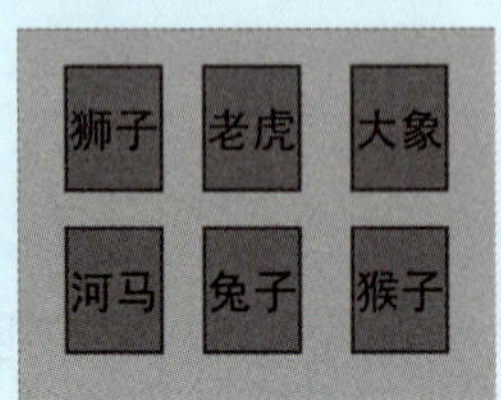

展示所有词语

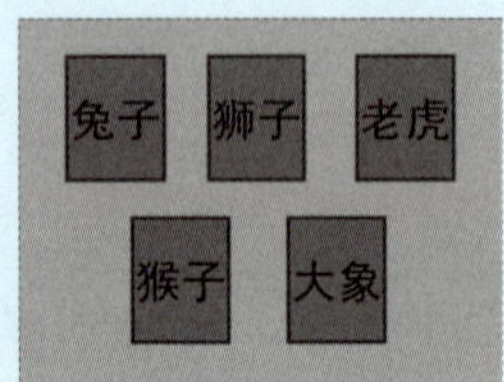

抽走部分词语

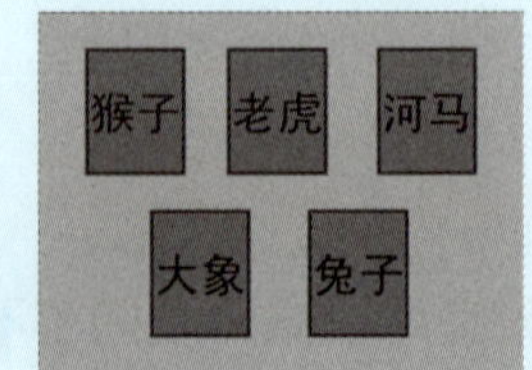

抽走部分词语

② 此活动也可用于练习语音、汉字或简单句型。

课堂活动设计

句法

句法

74. 蒙眼猜人［“是”字句］

语法1级

活动目的

通过猜人活动，帮助学生熟练掌握“是”字句的肯定形式、否定形式和疑问形式。

活动准备

准备一条蒙眼布。

参考提问

1 他是男生吗？
2 他是日本人吗？
3 他是高个子吗？
4 他是不是大眼睛？
5 他是不是戴眼镜？
6 他是不是很胖？
7 他汉语很好，是吗？
8 他会打篮球，是吗？
9 他喜欢画画儿，是吗？
10 他去过上海，是吗？

活动步骤

❶ 教师指定一个学生A，站到教室前面，用蒙眼布蒙住眼睛。请一个学生B站起来作为被猜的对象。

❷ A通过提问来确认B是谁，可以提3—5个“是”字句的问题，如“他是高个子吗？”“他是大眼睛吗？”A每提出一个问题，全班同学就一起回答“是”或“不是”。

❸ 如果A猜对了，那么B将代替A，站到前面，对其他学生提问，进行下一轮猜人游戏。如果A猜错了，A则不能被替换。

小贴士

❶ B 尽量不要发出声响，以免给 A 提供猜中的信息。

❷ A 提出的问题，可以根据学生的汉语水平，适当增减难易度。在游戏前，教师可以先提供一些例句让学生们熟悉并练习。

75. 考考你的记忆力

［“有”字句］ 听 说 集体

语法2级

活动目的

通过看图片、记住物体位置的活动，帮助学生熟练掌握“有”字句的肯定形式、否定形式和疑问形式。

活动准备

❶ 电脑投影图片。

❷ 根据分组数量准备若干张白纸，供学生画图用。

参考提问

1 桌子上有什么？
2 桌子下有小猫吗？
3 房间里有几把椅子？
4 房间里有篮球吗？
5 窗子外面有小鸟吗？

活动步骤

❶ 活动前，教师先指导学生练习“有”字句的疑问形式、肯定形式和否定形式。

❷ 教师打开电脑和投影仪，将图片投映在大屏幕上，让学生们观察30—60秒后，关闭屏幕，然后根据画面上的内容，用“有”字句进行提问。学生们根据观察和记忆回答，可以全班同学一起回答，也可以个人举手回答。

❸ 同一张图片，教师可以多次短时间展示并提问，每次提问以3—5个问题为佳。等学生们对该图片完全熟悉后，还可以换另一张图片，重复该活动步骤，直到学生们对“有”字句完全熟练掌握。

小贴士

❶ 该活动还可以用其他形式进行。如：1）全班同学2人一组，分成多个组，复印活动页，每组一张。每组组员一起观察图片后，互相提问；2）将全班同学分成A、B两大组，一起看大屏幕上的投映图片后，两组轮流互相提问，回答次数多、准确率高的一组获胜。

❷ 此活动也可以用于练习“在”字句。

76. 红绿灯[肯定句/否定句/是非问句]

语法1级

活动目的

通过造句练习，帮助学生熟练掌握肯定句、否定句和是非问句。

活动准备

准备红、黄、绿三张圆形硬纸板，在红色纸板上画“×”，在绿色纸板上画“√”，在黄色纸板上写出问号“？”。

参考句型

	是非问句	肯定句	否定句
是字句	你是美国人吗？	我是美国人。	我不是美国人。
有字句	你有汉语词典吗？	我有汉语词典。	我没有汉语词典。
动词谓语句（1）	你喜欢蓝色吗？	我喜欢蓝色。	我不喜欢蓝色。
动词谓语句（2）	昨天你去学校了吗？	昨天我去学校了。	昨天我没去学校。
形容词谓语句	姐姐漂亮吗？	姐姐很漂亮。	姐姐不漂亮。

活动步骤

❶ 教师向学生展示红灯、绿灯、黄灯三个标牌，告诉学生绿牌代表肯定句，红牌代表否定句，黄牌则代表疑问句。教师可以先做示范，如举起绿牌说“我是老师”，举起红牌说“我不是老师”，举起黄牌说“你是老师吗？”

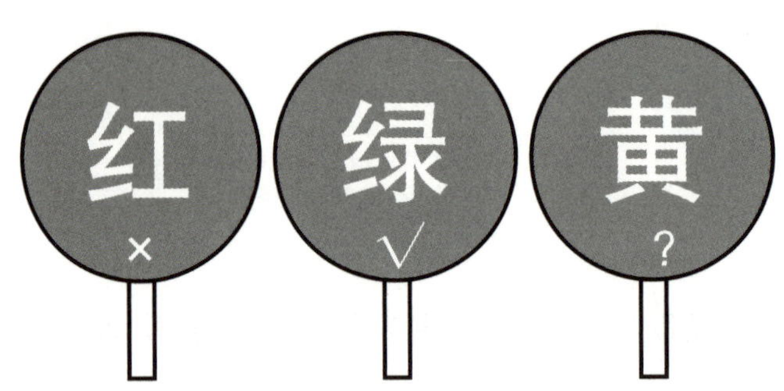

❷ 教师在黑板上写出或在大屏幕上投射出一些动词和宾语，如“有，汉语书”，然后举起一张标牌。举起黄牌，学生要说“你有汉语书吗”；举起绿牌，学生要说“我有汉语书”；举起红牌，学生则说“我没有汉语书”。

❸ 如果学生的整体水平较高，能够轻松完成以上任务，教师也可以给出关键动词，如“有”，然后举起不同颜色的标识牌，让学生自己造句。

小贴士

❶ 教师还可以将学生分成几组。出示关键词后，三组按顺序，看教师的举牌颜色，快速说出正确句式。比一比，看哪组反应最快、声音最整齐洪亮。

❷ 根据学生的汉语水平，如果能熟练掌握是非问句，还可以做正反问句的练习。

❸ 此活动可用于练习各类句型的肯定、否定和疑问形式。

77. 过关斩将［疑问句］

语法1-2级

活动目的

通过游戏，帮助学生熟练掌握各类疑问句。

活动准备

❶ 复印活动页，见第 239 页。

❷ 准备色子若干个。

★活动页复印份数、色子数量 = 分组数量

❸ 准备两种颜色的跳棋若干个（可用橡皮、白板磁贴等物品替代）。

★跳棋总数 = 学生人数

活动步骤

❶ 3—4 名学生一组，教师发给每组一张活动页、一个色子和几个不同颜色的跳棋。学生各选一个跳棋，将其放在活动页上图案的“起点”处，然后轮流掷色子，掷出几点就走几格，走到哪格就要回答相应格里的问题，并完成格里的指令。最先走到“胜利”一格的学生获胜。

❷ 在游戏的最后几步，掷色子的点数可能会多出剩余步数，如剩了三格，但掷了五点，这时可以算胜利，也可以多出几步就退回几步，直至有人掷出完全吻合的点数为止。

小贴士

❶ 教师可以使用本书附赠的游戏地图，或自制一张尺寸较大的活动页，将其贴在黑板上，然后将全班学生分成几组，由各组依次选一个学生参加游戏。

❷ 教师可以发挥想象力和创造力，将活动页上的图案设计成各种形状，如迷宫、海底、游乐园等；也可以适当增加一些知识性、益智性较强的问题。

❸ 此活动可用于练习语音、汉字、词语及各种句型。

78. 句型呼啦圈[比较句]

语法1–2级

活动目的

通过听辨反应练习，帮助学生熟练掌握比较句的基本用法。

活动准备

❶ 以“A 比 B+ 形容词”格式为例，将“比”字以及要练习的名词 A 类、名词 B 类和形容词分别制成词语卡片，三类词语的数量要相当。

❷ 准备三个呼啦圈。

参考句子

A 比 B + 形容词	哥哥比我高。 可乐比牛奶便宜。
A 没有 B + 形容词 / 动词	上海没有北京冷。 兔子没有猴子聪明。
A 比 B + 更 + 形容词	今天比昨天更冷。 她的汉语比我的汉语更好。
A 比 B + 形容词 + 数量 / 一点儿 / 得多 / 多了	哥哥比弟弟高 2 厘米。 这件衣服比那件贵一点儿。 老虎比小猫大得多。 飞机比火车快多了。
A 比 B + 动词 + 得 + 补语	我比她跑得快。 姐姐比妹妹唱得好。
A 没有 B + 动词 + 得 + 补语	她没有我跑得快。 妹妹没有姐姐唱得好。

参考词语

妈妈 · 爸爸 · 我 · 你 · 朋友 · 他
猴子 · 老虎 · 兔子 · 熊猫 · 小狗 · 乌龟
北京 · 上海 · 今天 · 昨天 · 火车 · 飞机
大 · 快 · 高 · 冷 · 胖 · 聪明
更 · 一点儿 · 三岁 · 得多 · 跑得快 · 唱得好

活动步骤

❶ 教师将“比”字的词语卡片放在地上，在卡片的左边放一个呼啦圈，在右边并排放两个呼啦圈。

❷ 全班学生围成一圈，教师发给每个学生一张或几张词语卡片，然后说句子，如“爸爸比妈妈高”，拿卡片“爸爸”“妈妈”和“高”的学生分别站到三个呼啦圈里，站好后各自重复一遍教师说的句子。最先跳到正确的圈里并准确重复句子的学生获胜；出错或反应慢的学生要在三个呼啦圈里跳一个来回，一边跳一边重复句子。

❸ 继续这个活动，直到所有的学生都得到练习。

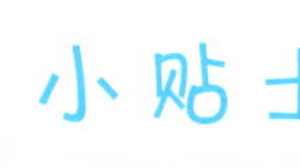

小贴士

❶ 此活动中用于替换的词语卡片可以通过听写的方式让学生自制。

❷ 如果没有呼啦圈，教师可以用绳子在地上围成大圈，或者用粉笔在地上画圈。

❸ 教师可以将同一个词语多做几张卡片，发给不同的学生，看看哪个学生的反应又快又准确。

❹ 教师可以让一个学生举着“比”字的词语卡片站在相应的位置上，让出错的学生去替换他。

❺ 如果学生能轻松完成“A 比 B + 形容词”，教师还可以增加难度，如，1）练习比较句的否定形式“A 没有 B+ 形容词”；2）练习稍微复杂一些的比较句“A 比 B + 形容词 + 数量 / 得多 / 多了”；3）还可以练习动词做谓语的比较句“A 没有 B + 动词 + 得 + 补语”等。随着句型的变化，教师可以增加呼啦圈的数量和学生使用的词语卡片的数量。

79. 组装小火车[连动句]

语法2-3级

活动目的

通过词语连接组成句子的活动，帮助学生熟练掌握连动句。

活动准备

❶ 复印并放大几张活动页，见第240页。

❷ 准备两套词语卡片，以及两个放卡片的盒子。

❸ 作为奖品的文具。

参考词语

我·我们·你·他·老师·爸爸

朋友·哥哥·姐姐·客人·爷爷·饭店

图书馆·自行车·电影·书·饭·飞机

美国·医院·药·病·水果·超市

机场·地铁·公共汽车·电话·操场·大衣

吃·骑·去·来·接·买

上网·跑·开门·打·看·借

踢球·叫·穿·出去·坐·走

参考句子

我去饭店吃饭。

弟弟跑去开门。

我们坐地铁去商店。

学生们去操场踢球。

爸爸明天坐飞机去美国。

你打电话叫他来了吗？

爷爷去医院看病。

哥哥骑自行车去学校。

我花了半个小时上网。

我们昨天去电影院看电影了。

妈妈没去超市买水果。

活动步骤

❶ 教师将学生分成 2 组，每组得到一套卡片和几张复印的活动页。

❷ 学生们从卡片盒里拿出卡片，摆在每列火车的适当位置。排列出一句完整的连动句，就等于组装好了一列火车。教师设定好计时器，在规定时间内，看哪组组装的火车最多。

❸ 计时器响叫以后，两组组员要立刻停止组装，教师检查各组组装情况，哪组组装的火车符合要求（连动句）、组装正确（语法正确）、数量最多，哪组就是获胜组，将得到教师的奖励。失败组的组员们要连成一排，一边模仿火车咔嚓咔嚓跑、呜呜鸣笛，一边在教室里绕行，做出各种搞怪的样子。

小贴士

❶ 在进行游戏之前，教师一定要先讲解连动句的特点，并带领学生们反复练习连动句，直到学生们充分理解、掌握为止。

❷ 如果学生人数较多，活动还可以这样进行：每个学生抽一张卡片，并将自己的卡片举在胸前，好让彼此能看见，看看谁和谁能组成词组、连成句子。找到合适的组员后要迅速站在一起，以免被抢走，然后再仔细调整各自的位置，看看自己是车头还是车厢、是第几节车厢。组装好的组要大喊“小火车完成”，这样就不再让别人加入了。组装正确而且速度最快的一组，将获得奖励。

80. 找差异[表示方位的句型]

语法1级

活动目的

通过两幅图画的对比，帮助学生熟练掌握表示方位的句型。

活动准备

❶ 复印活动页，见第 241—242 页。

❷ 准备一些动物不粘贴。

❸ 准备问题纸，让学生们写出两张图物品位置的变化。

问题纸参考

第一幅图	第二幅图
例：桌子在床左边。	桌子在床右边。
1	
2	
3	
4	
5	

参考句子

书在哪儿？

桌子下面有什么？

椅子在床旁边。

桌子在房间的左边。

窗子在床的对面。

窗帘后面什么也没有。

书在书架上。

桌子下面有一个手套。

苹果在盘子里边。

照片在墙上。

衣柜不在右边，是在左边。

衣柜里面有一只猫。

活动步骤

❶ 教师先将第一幅图放在大屏幕上，展示给学生看。根据图上物品位置，用表示方位的句型向学生提问。如：“桌子在哪儿？”“桌子上面有什么？”“床旁边有衣柜吗？”学生们可以一起回答，也可以举手回答。

❷ 教师再将第二幅图放在屏幕上，然后让学生根据记忆，用汉语说出两幅图的不同之处。教师也可以提前做好问题纸，让学生将两幅图的不同写出来。

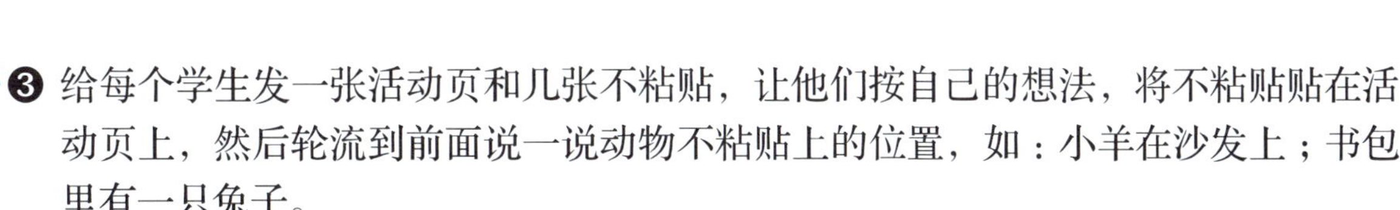

❸ 给每个学生发一张活动页和几张不粘贴，让他们按自己的想法，将不粘贴贴在活动页上，然后轮流到前面说一说动物不粘贴上的位置，如：小羊在沙发上；书包里有一只兔子。

小贴士

❶ 为了引起学生兴趣，活动页上的图可以做成有神秘感的房间，比如：哈利波特的房间。

❷ 还可以在电脑上下载房间布置、花园布置等软件，让学生们在电脑上自己设计布置的风格，再让他们用汉语说出各种物件摆设的位置。

81. 何时何地和谁有约[时间状语/处所状语/对象状语]

语法1级

活动目的

通过组词成句的游戏，帮助学生熟练掌握时间状语和处所状语在句中的位置和出现顺序。

活动准备

准备四个纸盒和若干张纸片。

参考句子

时间状语	我们什么时候去游泳？ 我们明天下午去游泳。
处所状语	我们在哪儿看电影？ 我们在电影院看电影。
对象状语	你和谁一起喝咖啡？ 我和男朋友一起喝咖啡。 他给妈妈买了一个蛋糕。 我为你唱一首歌吧。
时间状语 处所状语 对象状语	我星期三晚上和朋友在饭店吃饭。 他明天晚上给我打电话。

活动步骤

❶ 教师将全班学生分成四组，为各组分别起一个组名，即时间组、姓名组、处所组、动作组。

❷ 教师发给每个学生一张空白纸片。“时间组”的学生每人在纸片上随意写一个时间，如“星期五晚上”；“姓名组”的学生每人随意写一个同学的名字，如“小米”；“处所组”的学生每人随意写一个介词短语（在 + 地方 + 上/下/里/外），如“在饭店里”；“动作组”的学生每人随意写一个动词或动词性词组，如“游泳”。

❸ 各组都写完以后，教师按组收回纸片，顺次放在四个盒子里，然后从全班随意找四个学生从四个盒子里各取出一张纸片，连起来读给大家听。这种练习方式可能会出现一些逻辑关系不合理但是非常有趣的句子，如“晚上 12 点玛丽在火星上吃面包”等。

❹ 如果学生能轻松掌握时间状语和处所状语，那么还可以增加“对象状语”的练习，即在主语后面加上“和XX”“给 XX”“为 XX”，引出对象。如“星期五晚上小米和哥哥在饭店吃饭”“明天我给你做晚饭”“父亲为孩子辛苦工作”等。

小贴士

1. 活动开始前，教师应先给出结构为“状语 + 主语 + 地点状语 + 谓语（动词或动宾词组）”的例句，并画出例句中的各个部分，以此说明四个组写纸条的要求。
2. 如果班级学生人数较少，教师可以让每个学生都写出关于时间、姓名（不限于本班学生的名字）、地点、动作的四张纸条，然后分类收上来，放入四个盒子里。
3. 教师可以让学生将组出的句子翻译成母语，以增加活动的难度和趣味性。
4. 此活动也可用于练习其他句型，如“比”字句、“把”字句等。

82. 恭喜中奖［表示强调的“是……的”句］

语法2级

活动目的

通过问答抽奖小游戏，帮助学生熟练掌握表示强调的“是……的”句型。

活动准备

❶ 准备一个纸盒。

❷ 一些“是……的”疑问句卡片和肯定句卡片，保证每个学生至少能得到三张肯定句卡片。

❸ 准备一些糖果或文具作为奖品。

参考句子

强调时间	我是六点半起床的。	张老师是昨天到的。
强调方式	我是坐飞机来的。	他是走着去的动物园。
强调处所	这件衣服是在北京买的。	这本书是从图书馆借的。
强调目的	我是来学习汉语的。	我是来旅游的。
强调对象	我是和哥哥一起去的。	我是和家人一起看的这部电影。
强调动作者	这个菜是妈妈做的。	是谁开的窗户？
强调工具	这个字是用毛笔写的。	这些鲜花是用飞机运来的。
强调原因	她肚子疼是喝冷水喝的。	他睡不着是想家想的。

活动步骤

❶ 教师将所有“是……的”肯定句卡片摆放到一张大桌子上。每个学生可以选择三张卡片，选好后要大声读出并翻译成母语。如果读不出来，或翻译有误，则不能拿走卡片。

❷ 教师将所有“是……的”疑问句卡片放进纸盒里，并随机抽出一张，大声读出来。如：“你是怎么来学校的？”学生们看自己手里的卡片，如果有人手里有这个问题的答案，如“我是坐地铁来学校的。”那么这位学生要走到教室前面，大声读出答案，回答正确者成为三等奖中奖者。

❸ 教师继续抽出卡片，直到把所有疑问句卡片抽完。如果有人手中卡片中了两张并回答正确，则成为二等奖中奖者；如果三张卡片都中了并回答正确，则是一等奖获奖者。活动结束时，教师将按一二三等奖颁发奖品。

小贴士

❶ 活动开始前，教师要仔细向学生讲解“是……的”这种强调句型的特点和用法，并带领学生反复练习。

❷ 教师为活动准备的句子要尽量使用日常生活常用句，以免句子过于生疏难懂，让学生失去信心和兴趣。

❸ 该活动还可以换个方式进行：把所有疑问句卡片和肯定句卡片都摆在桌子上，让学生轮流到桌边选出疑问句和对应的答案。每人每次选择一对，选好后要大声读出来，教师在一旁负责检查是否正确。如果疑问句和肯定句是一对，则让学生拿走；错了，则放回原处。最后看谁手里的卡片最多，谁就是获胜者。

句法

83. 看剧说话［“着”的用法］

语法2级

活动目的

通过看短剧表演，帮助学生了解并掌握“着”的用法。

活动准备

学生人数多的情况：教师可以组织三四名学生表演一出简短的情景剧。学生人数少的情况：教师可以在网上找一段适合的短剧给学生看。

参考句子

问句	肯定句	否定句
门开着吗？	门开着。	门没开着。
桌子上放着书吗？	桌子上放着书。	桌子上没放着书。
墙上挂着画吗？	墙上挂着画。	墙上没挂着画。
弟弟穿着运动服吗？	弟弟穿着运动服。	弟弟没穿着运动服。
外面下着雨吗？	外面下着雨。	外面没下着雨。
哥哥听着音乐吗？	哥哥听着音乐。	哥哥没听着音乐。
妈妈喝着咖啡吗？	妈妈喝着咖啡。	妈妈没喝着咖啡。

活动步骤

❶ 让学生看情景剧（在教室里直接表演的，或者在大屏幕上放映的），引导学生仔细观察短剧中的环境布置、物品摆放、人物动作和衣着等。

❷ 将学生分成 A、B 两组，两组交替用“动词 / 形容词 + 着”的句型，对情景剧进行描述，每组的每个组员依次回答。如，“桌子上放着书”“灯开着”“爸爸看着报纸”等等。注意，已经描述过的内容不能再重复，重复的人会被淘汰；说错的人会被淘汰；回答停顿时间过长也会被淘汰。最后所剩组员多的一组获胜。

❸ 学生对“着”的肯定句用法熟练掌握后，教师可以帮助学生练习疑问句和否定句，对情景剧进行提问。如，情景剧中爸爸在看报纸，而不是在喝咖啡，教师可以这样提问“爸爸喝着咖啡吗？”学生则要回答“爸爸没喝着咖啡。”

小贴士

1. 游戏之前，教师要仔细讲解“着”的用法，并带领学生反复练习。
2. 短剧不需要有很多语言，可以是哑剧，关键是人物动作和环境布置，因为“着”的句型特点，是对持续存在的东西、持续进行的动作或正在进行的动作进行描述。
3. 如果是学生自己准备的短剧，可以让表演的学生即兴发挥，这样更能增加趣味性。

84. 对号入座["了"的用法]

语法1-3级

活动目的

通过将"了"放入正确位置的活动，帮助学生掌握动态助词"了"和语气助词"了"的基本用法。

活动准备

❶ 写有"了$_1$"和"了$_2$"的小卡片各准备数张。

❷ 可以排列组合成句子的词语卡片（可参照下面的参考句子，准备词语卡片）。

❸ 胶带。

参考句子

了$_1$（V+了+N）	了$_2$（VN+了/A+了）
我吃了饭。	我吃了。
我吃了一碗饭。	我吃饭了。
我吃了饭就去学校。	我吃完饭了。
上午我去了图书馆。	上午我去图书馆了。
今天弟弟上了三小时课。	今天弟弟上课了。
我买了一张电影票。	我买电影票了。
我在中国住了五年。	我在中国住五年了。
写完了作业再说。	该写作业了。
他学了一门外语。	他会说汉语了。
我已经通知了大家。	别说话了。
火车慢慢地进了车站。	爷爷的病好了。
学生们大声地唱起了歌。	天气越来越冷了。
哥哥一天吃了五个苹果。	我饿了。
爸爸买了新手机，又买了新电脑。	他是老师了。
今天他穿了一件黑色风衣。	我没有钱了。

他在北京生活了三年了。

我学了一年汉语了。

他走了三天了。

活动步骤

❶ 教师将词语卡片排列成几个句子，用胶带条贴在黑板上。词语与词语之间，要留有一定空隙，可以放入“了”卡片的大小。

❷ 将学生分成 A、B 两组，A 组分到一些“了$_1$”卡片，B 组分到一些“了$_2$”卡片。两组学生轮流到黑板前面，将“了$_1$”“了$_2$”对号入座，放入合适的位置，并用胶带贴好。

❸ 最后教师来验收，全部正确对号入座的一组获胜。然后请同学们将黑板上的句子读出来，读到“了”时，要提高音量。

小贴士

❶ 活动开始前，教师一定要先讲解清楚“了$_1$”和“了$_2$”的位置、用法和意义。

❷ 如果学生的汉语水平较高，也可以增加一些难度。如，教师提前准备两套同样的词语卡片，分别交给两组，两组同学要先排列出句子，再将“了$_1$”或“了$_2$”对号入座，放在正确的位置上。

❸ 对号入座活动结束后，教师还可以请两组同学轮流朗读黑板上的句子，并让他们用母语翻译出来。

85. 击鼓传花[助词“过”]

语法2级

活动目的

通过“击鼓传花”这个传统游戏，帮助学生熟练掌握表示经历的“动词+过”句型。

活动准备

❶ 选择要练习的词语（以动词或名词为主），将其制成词语卡片。

❷ 准备一面小鼓（也可以用杯子、盘子等物品替代）、一根筷子（也可以用笔代替）；如果找不到这些物品，也可以准备一段轻快的中国传统音乐。

❸ 准备一朵大红花或一个毛绒玩具。

参考句子

问句	肯定句	否定句
你去过中国吗？	我去过中国。	我没去过中国。
你吃过北京烤鸭吗？	我吃过一次。	我还没吃过北京烤鸭。
你听过这首歌吗？	我听过。	我没听过。
你看过中国电影吗？	我看过中国电影。	我没看过中国电影。
你学过日语吗？	我学过日语。	我没学过日语。
你爬过山吗？	我爬过山。	我没爬过山。
你骑过自行车吗？	我骑过自行车。	我没骑过自行车。
你买过手表吗？	我买过手表。	我没买过手表。

活动步骤

❶ 全班学生围站成一圈，教师将大红花交给一个学生，然后背向学生敲鼓或播放音乐，学生一个接一个的快速传递大红花。

❷ 教师突然停止敲鼓或播放音乐，这时大红花在谁的手中，谁就要从教师手中抽取一张词语卡片，大声读出卡片上的词语，然后用该词和“过”造一个句子。如抽到的卡片是“吃”或“中国菜”，学生可以说“我吃过中国菜”。

❸ 如果造句正确，师生就继续进行击鼓传花游戏；如果造句错误，抽卡片的学生要表演一个小节目。

小贴士

❶ 教师可以让答对问题的学生代替自己击鼓。

❷ 此活动可以与“红绿灯”活动结合起来进行，即给学生看红、绿、黄三个标牌中的一个，然后按标牌的要求，用“过”说出问句、肯定句或否定句。

❸ 此活动可用于练习各类词语和句型，也可作为调节课堂气氛的常用小游戏。

86. 语言遥控机器人［趋向补语］

语法2-3级

活动目的

通过听说反应练习，帮助学生熟练掌握趋向补语的用法。

趋向补语结构

简单趋向补语	A类	来・去
	B类	上・下・进・出・回・过・起・开・到
复合趋向补语	C类	上来・下来・进来・出来・回来・过来・起来・开来・到～来 上去・下去・进去・出去・回去・过去・到～去
	V+C类	走上来・跳下来・拿进来・传出来・买回来・飞过来・站起来・跑开来・送到～来 走上去・跳下去・拿进去・传出去・买回去・飞过去・送到～去

活动步骤

❶ 活动开始前，教师先领学生熟读要练习的趋向补语句子。

❷ 4—6 名学生一组，每组选出一名学生扮演机器人遥控专家，其他学生扮演机器人。各组学生轮流到教室中间进行表演。教师在地上用粉笔画出几个方框，让“机器人”分别站在方框里。

❸ “机器人遥控专家”发出一些指令，如“走出来、跑回去、跳起来、蹲下去、走过来、走过去”等，同组的“机器人”要快速做出相应的动作（最好能够模仿真正的机器人的动作），做错的学生要被罚下场。教师计时，在规定时间内做出最多动作而且留在方框里人数最多的组获胜。

小贴士

❶ 教师可以从各组选出表现优秀的学生，作为挑战者站到方框里，由教师统一发出指令，各组的挑战者表演动作，根据结果评选出“最佳机器人”。

❷ 这个活动还可以用其他方式进行：让学生用小玩偶来代替真人。在两张书桌上，各自摆上笔盒、书、尺子、铅笔等文具。将学生分成 2 组，每次各派 1 名学生进行比赛。老师喊出指令，如“跳上去、跳下来、跑进去、跑出来、拿起来、放下去、打过去、跑回来”等，两名学生手里拿着玩偶，按老师的指令去做。老师的指令会越来越快，两名学生的动作也要随之越来越快。两组的其他组员负责监督对手组的参赛者是否动作有误、漏掉动作或动作过慢，如果出现这样的情况，该参赛者将被淘汰，两组比分记为 1 ∶ 0。失败组要派新的参赛者与刚才的获胜者对决，最后比分高的一组获胜。

87. “你说我做”演双簧[可能补语]

语法3级

活动目的

通过双簧表演，帮助学生熟练掌握可能补语。

可能补语结构

肯定形式	动词＋得＋补语	听得懂·看得见·做得完·买得到·学得会·坐得下 睡得着·写得完·背得动·记得住·看得清·洗得净 吃得了·喝得了·去得了·做得了·走得了·拿得了
否定形式	动词＋不＋补语	听不懂·看不见·做不完·买不到·学不会·坐不下 睡不着·写不完·背不动·记不住·看不清·洗不净 吃不了·喝不了·去不了·做不了·走不了·拿不了
疑问形式	肯定形式＋吗	听得懂吗·看得见吗·睡得着吗·吃得了吗
	肯定形式＋否定形式	听得懂听不懂·看得见看不见·吃得了吃不了

活动准备

❶ 一份双簧剧本复印件。

❷ 一把椅子，一块能遮住椅背的布。

❸ 一些空白 A4 纸。

❹ 当作奖品的小贴纸。

参考剧本

大家好，我是小迷糊！天天迷迷糊糊。

你说什么？听不清，听不清。

哦，作业啊！作业太多，写不完，写不完。

什么？汉语书看了吗？太难，太难，看不懂。

啊？今天去学校？哎呀呀！我忘了。

脑子不好，记不住，记不住。

书包在哪儿？找不到，找不到。

什么？吃早饭？我要吃，我要吃。

牛奶喝得了喝不了？喝得了，当然喝得了。

一杯、两杯、三杯、四杯、五杯……太多太多，喝不了！

包子吃得完吃不完？吃得完，当然吃得完。

一个、两个、三个、四个、五个……你想撑死我啊？

哎呀呀，上课迟到了。赶快去学校。

怎么办？校车开走了。

我追，我追，我追不上。

我跑，我跑，我跑不动。

我飞，我飞，我飞不了。

我跳，我跳，我跳不高。

我兔子跳，我青蛙跳，我单腿跳，我双腿跳，我转圈跳……

活动步骤

❶ 活动开始前，教师先领学生了解并掌握可能补语的结构、常用词语和剧本中的句子。

❷ 教室前面放一把椅子，椅背用布遮住。选出两名学生，一个坐在椅子上，另一个藏在椅子后面。藏在椅子后面的学生可以看台词说句子，坐在椅子上的学生要做出相应的动作，进行表演。

❸ 教师将观看的学生分成小组，每组发一张空白 A4 纸，学生们观看完表演之后，同组成员要一起凭记忆写出听到的可能补语。记住最多、准确率最高的一组获胜，获胜组组员可以得到小贴纸做奖品。

小贴士

❶ 这种“你说我做”的双簧表演，说的人可以看台词，比传统双簧容易，而且前面表演的人有更多做动作的空间。比如，可以在舞台上做跑、跳等大幅度动作。

❷ 表演时，最好一个男生和一个女生搭档，形成声音和性别错位，更有喜剧效果。

❸ 教师还可以创作其他更有趣、更贴近本班生活的剧本和台词让学生来表演。这个活动也可用于其他词语或句型的练习。

88. 倒霉蛋儿

[“被”字句]

语法3级

活动目的

通过情景描述，帮助学生了解并掌握简单的“被”字句。

参考句子

被狗追了。
被抓住了。
被人骗了。
被大雨淋了。
被雷声惊醒了。
被警察关起来了。
衣服被弄脏了。
被老师批评了。
书被借走了。
钱包被小偷偷走了。
杯子被摔碎了。
自行车被骑走了。
文具盒被抢走了。

活动步骤

❶ 教师将几张情景卡片或者几幅幻灯片展示给同学们看。

❷ 学生们举手抢答，用“被”字句描述上述情景，说出来（或写出来）又快又准确的同学获得向其他人发布指令的机会。

❸ 获胜同学读出句子，点名提问其他同学做出相应的动作。

* 教师需提示学生请勿在日常生活中模仿此行为。

小贴士

❶ 情景设置也可以通过做动作的方式进行，比如：老师或同学表演“被苹果砸到了”。
❷ 作为拓展学习，可以请学生们自己画图并结合图片用“被”字句写写遇到过的倒霉事。

89. 鸡毛信［“把”字句］

语法3级

活动目的

通过传鸡毛信的活动，帮助学生了解并掌握“把”字句的基本用法。

参考句子

把门/窗户打开/关上。	把书放到书包里。	把粉笔拿起来。
把你的书放在老师的桌子上。	把你的桌子擦干净。	把你的手放在口袋里。
把老师的衣服挂在墙上。	把你的椅子搬到教室外面。	把灯打开。
把作业交给老师。	把朋友的铅笔放到书包里。	把同桌的课本摆到桌子上。

活动准备

选择要练习的句子，制作鸡毛信：

1. 将 A4 大小的白纸剪成八等份，在每份的正中间写一个“把”字句。
2. 将白纸折三折，用一块小胶带将边缘封上，再画一根鸡毛的图案，制成鸡毛信。

★鸡毛信的数量 = 学生人数 /2

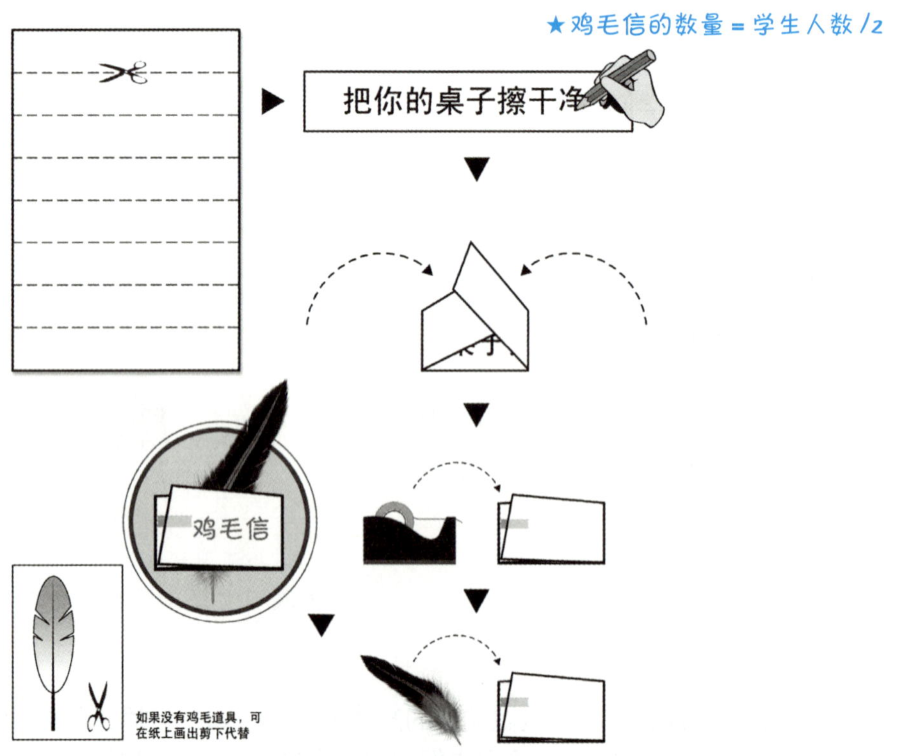

活动步骤

❶ 教师在每封信上写一个学生的名字（即收信人），然后把信分别发给另外的学生（即送信人）。

❷ 教师说“开始”，送信人要快速把信送到收信人手中，收信人拆开信件，默读信上的句子，然后把信重新封上，还给送信人。注意，不要让送信人看到信的内容。

❸ 收信人根据句子做动作，送信人根据对方的动作猜出句子，写在信封背面，同时写上自己的名字，随后把信送回教师手中。

❹ 教师打开信，对照信内和信封背面的两个句子，如果语法正确，内容基本一致，送信和收信的两个学生就可以得到一个小奖励；如果两个句子不一致，教师就让收信人到教室前面再次表演动作，全班学生一起猜句子。

小贴士

❶ 活动前，教师先领学生了解并熟练掌握“把”字句。

❷ 教师向学生解释什么是“鸡毛信”（古时征调军队的文书，上插鸟羽表示紧急，必须速递）。

❸ 教师可以让班里一半的学生制作鸡毛信：一人发一张裁好的纸条，每人都要在纸条上写一个“把”字句，然后折好纸条，在上面画出鸡毛的图案。学生在制作过程中，教师可以指导学生造句，并帮助修改病句。学生做好鸡毛信、封好边缘后，统统交给教师，教师随机在信封上写下学生的名字，然后交给没有制作鸡毛信的学生们去送信。

❹ 此活动也可用于练习与动作有关的其他句型，如趋向补语、连动句等。

❺ 在活动进行中，教师应在教室里走动，随时给予指导。

句法

90. 对暗号［兼语句］

语法3-4级

活动目的

通过对暗号的游戏，帮助学生了解并掌握兼语句。

活动准备

❶ 教师提前准备好暗号字条（可以参考下面的暗号字条，将一句兼语句拆成 A、B 两个句子，分别写在字条上。如：A 妈妈让我　B 我去邮局寄信。）

❷ 准备两个纸盒，将折好的 A、B 暗号字条分别放入两个纸盒中。

❸ 一些小奖品。

参考暗号字条

A 句	B 句	A+B 兼语句
妈妈让我	我去邮局寄信	妈妈让我去邮局寄信。
老师叫大家	大家安静	老师叫大家安静。
公司派哥哥	哥哥去上海出差	公司派哥哥去上海出差。
我请你	你来我家做客	我请你来我家做客。
他命令我	我站住	他命令我站住。
朋友请求我	我帮他一个忙	朋友请求我帮他一个忙。
学校通知我们	我们明天去春游	学校通知我们明天去春游。
老师表扬弟弟	弟弟帮助同学	老师表扬弟弟帮助同学。
大家都选我	我当班长	大家都选我当班长。
我有个弟弟	弟弟叫大卫	我有个弟弟叫大卫。
谢谢你	你照顾我	谢谢你照顾我。
老师担心我们	我们找不到教室	老师担心我们找不到教室。
我讨厌他	他常常迟到	我讨厌他常常迟到。
我赞成他	他参加足球队	我赞成他参加足球队。
妈妈反对我	我学跳舞	妈妈反对我学跳舞。
他告诉我	我明天不用去学校	他告诉我明天不用去学校。
爸爸送我	我去学校	爸爸送我去学校。

活动步骤

❶ 教师将学生分成A、B两组，然后让A组学生到纸盒里抽A暗号字条，B组学生到另一个纸盒里抽B暗号字条。

❷ 教师定好定时器，两组学生要快速找到自己的“接头人”：A组学生看完自己抽到的字条后，快速去B组学生中找跟自己的字条能对上的句子。找到后两人站在一起。在规定时间内没找到“接头人”的将被淘汰出局。暗号对错了的人也要被淘汰出局。

❸ 正确地对上暗号的学生要将两张字条合在一起，变成一句话，并大声朗读出来。也可以让他们把这句话翻译成母语。顺利通过第一轮的学生，要再进行游戏，到第三轮还没有被淘汰的学生算为胜利者，可以得到老师的小奖品。三轮被淘汰的学生要站在教室前面，做一些搞笑动作。

小贴士

❶ 活动之前，教师一定要领学生了解什么是兼语句、兼语句的特点、句型等，并进行充分的练习。

❷ 每一轮使用的字条最好不要重复，因此教师提前要准备足够多的句子和字条。

91. 比手速[双宾语句]

语法2级

活动目的

通过词语卡片游戏，帮助学生了解并掌握双宾语句。

活动准备

❶ 复印活动页，见第 243—244 页。将活动页剪成词语卡片。

❷ 准备几个按铃，如果没有按铃，准备几个泡沫块也可以。

❸ 一些小奖品。

参考词语

词类	词语
动词	给・送（给）・借（给）・还（给）・买给・卖（给）・寄给・递（给）・写给・读给・交给・带给・拿给・告诉・通知・回答・问・教・欠・赢
人称代词	你・我・他・她・它・您・你们・我们・他们
关系称谓	妈妈・爸爸・哥哥・姐姐・弟弟・妹妹・爷爷・奶奶・叔叔・阿姨・姑姑・伯伯・舅舅・姥姥・姥爷・丈夫・妻子・儿子・女儿・朋友・同学・同事
职业名称	老师・校长・职员・老板・画家・作家・厨师・记者・理发师・工程师・医生・护士
物品名称	衣服・裤子・手机・电话・书・信・钱・车・桌子・椅子・电视・电脑・足球・电影・事・消息・问题
食物名称	蛋糕・饺子・包子・米饭・肉・土豆・黄瓜・西红柿・苹果・葡萄・西瓜・冰淇淋・饼干
动物名称	小猫・小狗・熊猫・老虎・大象・鸭子・母鸡
数量词	一个・一件・一条・一封・一本・一块・一辆・一张・一把・一台・一部・一碗・一斤・一百块・五千块

参考句子

双宾语主要句型：主语 + 谓语 + 间接宾语（人）+ 直接宾语（物）

我送给你一只小猫。	他写给我一封信。	请回答我一个问题。
朋友借给我一百块钱。	爸爸寄给妹妹一箱苹果。	王老师教我们汉语。
姐姐给了我一件衣服。	我告诉了她我的名字。	小李欠我一百块钱。
他卖给哥哥一部手机。	校长通知我们一个好消息。	他赢我一场球。
妈妈递给我一块蛋糕。	我想问你一件事。	

活动步骤

❶ 2—4 人一组，将全班同学分成几组，每组围坐一张桌子。多复印一些活动页，剪成词语卡片，分给每组，保证每个组员能分到 10 张左右词语卡。每张桌上放一个按铃（或泡沫块）。

❷ 每组组员按顺序轮流出牌（像玩扑克牌一样），当所有人出的牌是同类词语时，比如都是“动词”，或者都是“食物名称”，或者都是“人称代词”，那么发现的人要快速去按按铃，最先按到的人，可以拿走所有已经出的牌。如果有人看错去按按铃，那么已出的牌要全部压在按铃下面，下次手速最快的人可以全部赢走。

❸ 当一人把其他几人的牌都赢光后，一轮的游戏就结束了。大家可以把卡片字面朝上，都摆在桌子上，轮流挑选卡片，做成双宾语句。做对的句子，可以自己保留卡片，作为下一轮游戏开始时自己手里的牌。做对的句子越多，保留的卡片越多，对下一轮游戏越有利。

❹ 每一轮游戏结束，赢家都得 5 分。当全部游戏结束后，每人计算自己的总分，总分最高的人，将获得“手速王”称号，还可以得到奖励。

小贴士

❶ 游戏前，教师要先给学生讲解什么是双宾语句、双宾语句的特点，以及直接宾语（物）和间接宾语（人）。

❷ 教师还要将游戏中所使用词语的分类提前向学生们讲解清楚，以及每类词在双宾语中的位置，并带学生练习一些双宾语句。

92. 滚雪球比赛［多重定语］

语法4级

活动目的

通过滚雪球游戏，帮助学生了解并掌握多重定语。

多重定语的顺序

领属定语	时间、处所词	指量短语	动词、动词性短语 + “的”	形容词性短语 + “的”	不带“的”的表质地、属性的形容词、名词	名词
爸爸的		一位			中国	朋友
张老师	昨天		做的	好吃的		饺子
哥哥的		那件	新买的		皮	大衣
	在椅子上坐着的	一位		六十多岁的	老	先生
		那个	戴着大眼镜的	高个子的	男	同学

活动步骤

❶ 教师事先把可用于多重定语的词语类别及例子写在黑板的最上方，如“（人称代词）我、你、他，（国家名称）中国，（人物）朋友、姐姐，（形容词）新、旧、老、大”等。

❷ 教师将全班学生分成两组，发给每组一支不同颜色的粉笔。教师在黑板的两边分别画一个小小的圆形，里边写上“我”，代表第一个雪球。

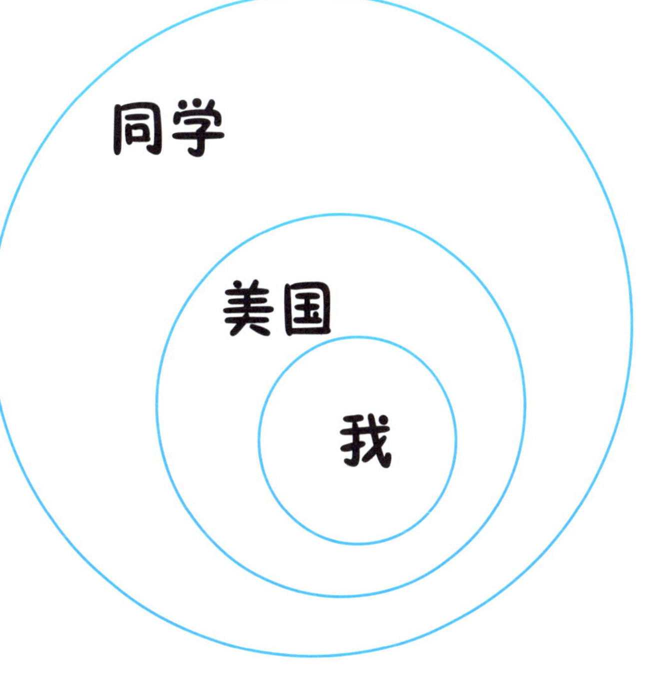

❸ 两组学生轮流派组员到黑板上“滚雪球”，方法是在前一个“雪球”的外边画一个更大的圆，用前一个“雪球”里的词语作定语，扩展出一个新的短语，如“我妈妈”“我妈妈的朋友”“我妈妈的中国朋友”等。每组每次只能滚一个“雪球”，直到两组都写不出新定语的时候就结束比赛。

❹ 教师核查两组写的短语是否正确，写错了不得分，如果两组都写对了，“雪球”大的组得 1 分。

❺ 教师换一个词，重新开始比赛。教师负责计分，最后积分高的组获胜。

小贴士

❶ 教师也可以先给出中心语，如“鞋”，让学生以“滚雪球”的方式写出多重定语，如“妈妈 昨天 在超市 花了 80 元 给我 买的 那双鞋”。

❷ 滚完“雪球”后，教师可以要求每组学生用“滚”出来的定中结构造句或编一个小故事。

93. 看动作猜句子

[状态补语]

语法5级

活动目的

通过看动作猜句子的游戏，帮助学生了解并掌握状态补语。

活动准备

❶ 准备一些状态补语句，并写在大卡片上，每句一张卡片。（可参考下面的句子）

❷ 几条蒙眼布。

参考句子

他高兴得手舞足蹈。
他急得走来走去。
他气得大喊大叫。
他激动得说不出话来。
他难过得吃不下饭。
他伤心得哭起来。
他饿得肚子疼。
他热得脱掉了上衣。
他肚子大得像西瓜。
他累得走不动路。
他吓得差点儿昏倒。
他胖得像一头大熊。
他哭得死去活来。
他笑得前仰后合。
他跑得气喘吁吁。
她打扮得非常漂亮。
他被雨淋得像落汤鸡。
他说得兴高采烈。
他打球打得满头大汗。
他吃得津津有味。

活动步骤

❶ 将学生分成2组，每组3—5人，如果学生较多，其他学生可以当观众。先请一组到教室前面，站成一排，除了第一个组员（组员1），其他组员都要蒙上眼睛。

❷ 教师举起一张准备好的大卡片，让组员 1 看，看完后收起卡片，组员 1 摘掉组员 2 的蒙眼布，把看到的句子变成动作，让组员 2 看，组员 2 摘掉组员 3 的蒙眼布，模仿组员 1 的动作，给组员 3 看。以此类推，到最后一个组员时，他要根据这个动作，猜出大卡片上写的是什么句子。

❸ 最后一个组员猜出的句子，按照和原句的差别程度得分。完全不对是 0 分；基本正确是 5 分；部分正确是 3 分。可以指定一名记分员来打分。每组完成 5 张卡片，然后换成另一组。最后累计分数高的是获胜组。

小贴士

❶ 游戏前，教师要充分讲解状态补语的特点和句型，并领学生充分练习游戏中使用的句子。

❷ 学生只能做动作，不能说话或发出任何语音提示。鼓励学生尽情发挥表演才能，这样更有幽默效果。每个人的理解不同，模仿的动作也会越来越走样，跟原句相差甚远，不过会更好笑更有趣。

❸ 如果学生的汉语水平较高，教师还可以在黑板上写出一些状态补语句的前半部分，让学生自己完成状态补语的部分。如：他饿得________________。他打球打得________________。

94. 关联词串串烧[复句]

语法5级

活动目的

通过关联词连句的活动，帮助学生熟练掌握复句。

活动准备

❶ 复印活动页，见第 245 页。

❷ 教师提前制作一些串串烧图案的卡片，在卡片上写出句子，但不要写出关联词。卡片后面贴一小块双面胶。

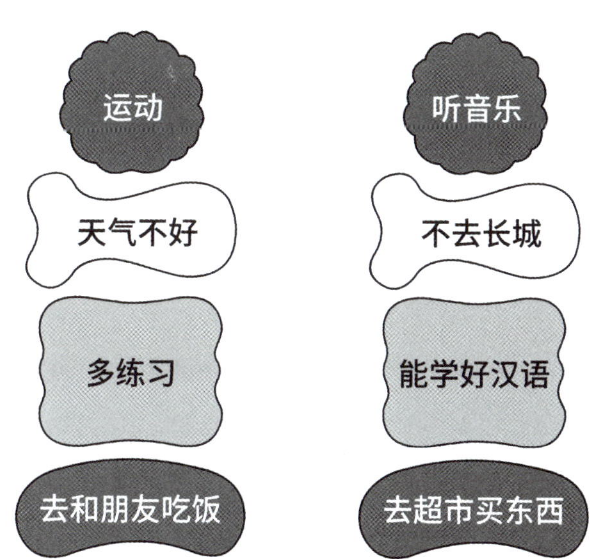

❸ 准备剪子、数个一次性纸餐盘、小奖品。

参考句子

并列关系	……，也…… ……，还…… 既/又……，又…… 一边……，一边……	他会说德语，还会说意大利语。 妈妈既会做中国菜，又会做法国菜。 她一边运动，一边听音乐。
选择关系	是……，还是…… （或者）……，或者…… 要么……，要么…… 不是……，就是……	你是在北京长大的，还是在上海长大的？ 他可能是高中生，或者是大学生。 每天下班后，他要么去酒吧，要么去网吧。 她不是在咖啡馆，就是在图书馆。
因果关系	（因为）……，所以…… 由于……，…… ……，因此…… 既然……，就……	他不会说汉语，所以听不懂我说的话。 由于天气不好，他坐的飞机要一个小时后才到。 天太晚了，因此他们决定明天再走。 既然妈妈不喜欢这件衣服，就别买了。
假设关系	如果/要是……，就……	要是明天天气不好，我们就不去长城了。
转折关系	（虽然）……，但是/可是/不过…… 尽管……，还是……	虽然这次考试很难，但是大家考得不错。 尽管妈妈不同意，她还是决定一个人去北京。
递进关系	不但/不仅……，而且……	这个菜不但好看，而且好吃。
条件关系	只有……才…… 只要……就…… 不管/无论……也/都……	只有多练习，才能学好汉语。 只要天气好，我们就去打球。 不管下多大的雨，我们都要去看她。
承接关系	先……，然后/再/接着……	我先去和朋友吃饭，再去超市买东西。
目的关系	为了……，……	为了学习汉语，他在中国住了一年。

活动步骤

❶ 教师将复印好的活动页发给每个学生，让他们将上面的烤串图案剪下来。再给每个学生发一个一次性纸餐盘。

❷ 教师将准备好的句子卡片贴在黑板或墙壁上，注意：同一个复句里的分句或词语要贴成一组，让学生一目了然，方便他们用自己手里的关联词来找相关句子。让学生们仔细看卡片上的句子，举手的学生可以到前面揭下某组句子，贴到自己的关联词串串上，但每次只能选一组，然后回到座位，重新举手。

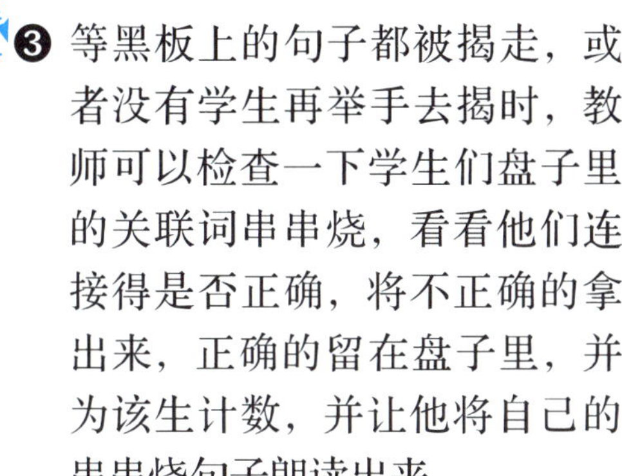

❸ 等黑板上的句子都被揭走，或者没有学生再举手去揭时，教师可以检查一下学生们盘子里的关联词串串烧，看看他们连接得是否正确，将不正确的拿出来，正确的留在盘子里，并为该生计数，并让他将自己的串串烧句子朗读出来。

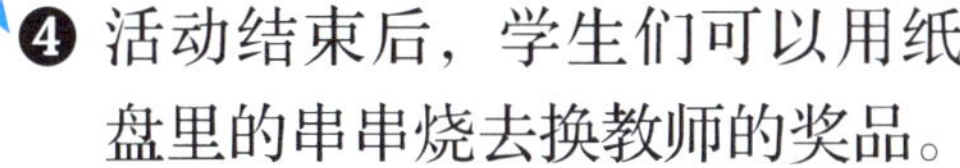

❹ 活动结束后，学生们可以用纸盘里的串串烧去换教师的奖品。

小贴士

❶ 活动前，教师要领学生充分练习各种类型的关联词和复句。

❷ 要多准备一些句子卡片贴在黑板上，保证学生们有多一些的选择、每个盘子里都能“烤”到足够多的串串，以此调动学生们的积极性，增加他们的信心。

❸ 在条件允许的情况下，教师可以真的准备一些串串烧，活动结束前，让学生们用纸盘里的假串串来换真串串，会让这个活动变得更活跃有趣。

课堂活动设计

语篇

95. 知己知彼[介绍]

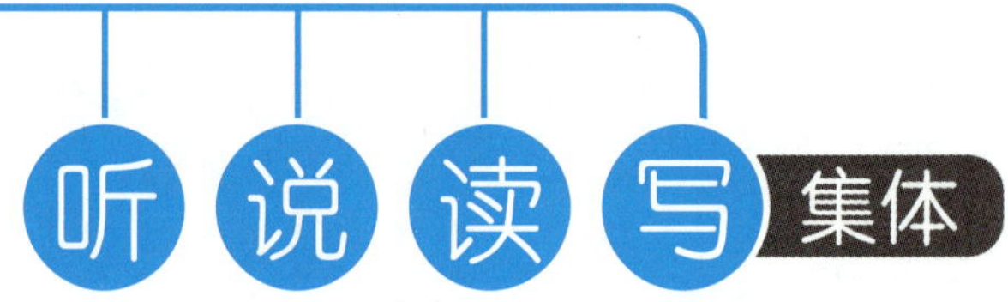

活动目的

通过收集同班同学的信息，增进彼此了解，培养学生介绍自己和别人的交际能力。

活动准备

❶ 复印活动页，见第 246 页。

❷ 每个学生写有序号的姓名牌，后面有别针或贴上双面胶。

❸ 心形贴纸、小奖品。

参考句子

你是哪国人？
你哪年在哪里出生？
你属什么？
老家在哪儿？
你家有几口人？
有兄弟姐妹吗？
父母做什么工作？
你的性格怎样？
你有什么爱好？
你喜欢吃什么？
你不喜欢吃什么？
你喜欢看电影吗？
我们可以交个朋友吗？
你可以当我的同桌吗？

活动步骤

❶ 将写有名字和序号的名牌、2 张心形贴纸、活动页发给每位学生。将桌子摆在一起，让学生们围桌而坐，方便互相看见。如果学生人数较多，可以分成组。

❷ 先在活动页上找到自己的号码，将自我介绍写下来。然后开始观察四周同学的外貌，也可以通过外貌做一番猜测，并按他们名牌的号码和名字，找到相应的一格，将名字和“外貌 + 推测”填写好。

❸ 接下来可以互相“拜访”，通过聊天和询问，将活动页上的空格填满。活动页上所有同学的情况都收集、填写好之后，选出两位你觉得最合得来或最喜欢的同学，把心形贴纸分别贴在他们的名字旁边。

❹ 教师检查每个人的活动页，写得最认真、情况收集得最详细的学生，可以得到教师的奖励。此外，教师要帮学生们检查一下，看看谁和谁互相给了心形贴纸，互相“看好”的学生可以安排他们成为同桌。

小贴士

❶ 这个活动适合安排在新学期、新班级大家初次见面的课堂上。通过完成活动页，让学生们彼此观察、交谈，使他们互相快速认识、了解、交朋友，为以后融洽、活跃的人际关系打下基础。

❷ 填写好的活动页，教师建议大家好好保管，以备日后需要时查找、确认，加深了解和友谊。

❸ 这个活动还可以有一些延展性活动。比如：1）介绍别人。填写好活动页后，教师可以让学生们举手到讲台上介绍一位刚刚“拜访”过的同学。可以不说出他的名字，只介绍他的性格、爱好、饮食习惯等内容，然后让下面的同学猜猜他是谁。2）创意名片。每人都为自己设计一张有创意的名片，用硬卡、彩笔、剪刀等工具制作，最后大家选出三张最有创意的名片，教师为他们颁发奖品。名片做好后，可以送给班上最想送的人，当然也包括老师。

96. 跳蚤市场［购物］

活动目的

通过跳蚤市场的交易活动，培养学生在购物场景下的交际能力。

活动准备

❶ 学生日常用品，比如文具、书本、玩具、零食等。

❷ 商品价格标签。

❸ 零钱、零钱盒子。

参考句子

卖家	买家
您想买什么？	我想买圆珠笔。
您想要几支？	我想要三支。
五块钱一支。	多少钱一支？
您还想要什么？	圆珠笔怎么卖？
一共二十二块。	我还想要一个笔记本。
对不起，不能便宜。	一共多少钱？
对不起，这里不讲价。	太贵了，便宜点儿吧。
好，那就十八块吧。	对不起，不能便宜。
对不起，不能打折。	能便宜点儿吗？
可以打八折。	可以打折吗？
有零钱吗？	没有零钱。
收您二十块，找您两块。	谢谢。

活动步骤

❶ 将学生分成两组——摆摊组和购物组，有东西要卖的学生，分在摆摊组；想买东西的学生，分在购物组。将桌椅摆成一大圈，摊主把要卖的东西摆放在桌子上，并放好价格标签和零钱盒子。

❷ 让购物组的学生随意在各个摊位走动，看看商品和价格标签，并用汉语询问商品价格、讨价还价，讲定价格后，用自己准备好的零钱购买。最先把东西卖完的摊主也可以去其他摊位，买自己喜欢的东西。

❸ 跳蚤市场结束后，学生根据自己的买卖情况做记录：记下商品名称（不知道名称的商品也可以画图表示）、原价、购买价格或销售价格，以及总花销或总收入等。教师来检查时，可以用汉语随机提问。

小贴士

❶ 活动前，教师要提醒学生，不可以拿贵重物品及没经过家人允许的东西到跳蚤市场上来卖。

❷ 如果学生们都不具备自己准备商品进行买卖的条件，教师可以准备一些学习用品或小食品，再准备一些不同面值的货币卡。通过平时课堂提问、竞赛等活动，教师可以把货币卡作为奖励给学生，并等学生们攒到一定数量时，再进行跳蚤市场活动。

97. 扔色子，点美食

[点菜]

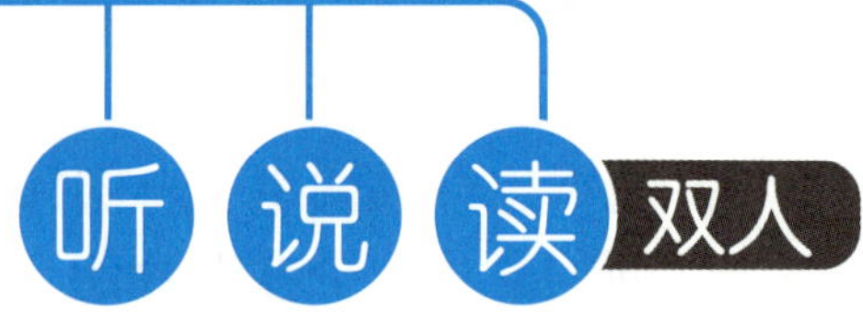

活动目的

通过模拟点菜的活动练习，培养学生点菜的交际能力。

参考句子

服务员	就餐者
请问，你们几位？	一共一百二十块。
这边请。	我们三位。
这是菜单。	这儿有什么特色菜？
您好，您要吃点儿什么？	我先看看菜单。
我们这儿最有名的是北京烤鸭。	水煮鱼多少钱一份？
您能吃辣吗？	我要一份炒饭。
这道菜的价格是三十块。	就点这些。
你们还要什么？	别放味精。
好的，请稍等。	服务员，买单。

活动准备

❶ 复印活动页 A、B，见第 247—248 页。

❷ 准备色子若干个。

★活动页复印份数、色子数量 = 学生人数/2

❸ 准备两种颜色的跳棋若干个（可用橡皮、白板磁贴等物品替代）。

★跳棋总数 = 学生人数

活动步骤

❶ 两个学生一组，每组一张活动页A、一张活动页B、一个色子和两个不同颜色的跳棋，并带领学生提前设定每道菜的价格。学生把活动页A上的两个菜谱剪下来，每人拿一份。

❷ 两人将各自的跳棋放在“开始”处，然后轮流掷色子，并根据色子的点数走格子。当学生甲走到某一格时，学生乙要扮演服务员询问：“您好，您要吃什么？”如果该格里的菜名不在学生甲的菜谱上，学生甲就要说：“稍等，我先看看菜单”，然后重新掷色子；如果菜名在学生甲的菜谱上，学生甲就要说“我点一份……（格里的菜名），……（格里的菜名）多少钱？”学生乙回答菜名的价格，两人在自己手中菜谱的相应栏里打钩。

❸ 最先把菜谱上所有的菜都点完的学生获胜。

小贴士

教师可以制作一个尺寸较大的点菜棋盘挂在黑板上，将全班学生分成两组，每组各选一个代表到教室前进行比赛。

语篇

98. 我想预订房间[打电话]

活动目的

通过打电话预订酒店的活动练习，培养学生接打电话和预约的交际能力。

参考句子

打电话	接电话
喂，您好！是北京饭店吗？	您好！这里是北京饭店。
您好！我想预订一个房间。	好的，您想要什么样的房间？
我想要一个单人房。	对不起，单人房没有房间了。
双人房一天多少钱？	双人房一天 1000 块。
可以打折吗？	可以打八折。
我是 VIP 会员，可以更优惠吗？	VIP 会员可以打五折。
我想下周五入住。	请问您什么时候入住？
我想住三天。	您打算住几天？
好的，我的电话号码是……	请留下您的电话号码和姓名。
对了，请给我一个阳面房间。	您还有什么要求吗？
谢谢。	好的，没问题。

活动准备

❶ 复印几份活动页，见第 249 页。

❷ 准备两个纸盒，一个贴上“打电话”的标签，一个贴上“接电话”的标签。

❸ 准备两个当电话的纸杯（可以用长线绳将纸杯连在一起），或者让学生使用自己的手机。

❹ 小奖品。

活动步骤

❶ 将活动页上的格子剪开，按“打电话”和“接电话”分别放入两个盒子中。两个同学一组，各自准备好做电话记录的纸笔，分别到“打电话”和“接电话”的纸盒里抽出一张提示卡。然后拿起电话，按照提示卡上的信息，进行房间预订。一边接打电话，一边做电话记录。

❷ 预订完房间之后，两人回到座位，教师根据他们的提示卡进行提问，他们要参考自己的电话记录来回答问题。

❸ 成功预订房间并正确回答教师提问的小组，可以进入下一轮挑战，即没有提示卡，而是即兴发挥进行客房预订，如果两人能随机应变地配合，圆满完成订房，将得到教师的奖励。而被淘汰的小组则要表演节目。

小贴士

❶ 活动前，教师领学生充分练习接打电话用语和房间预订时经常使用的汉语，还要让学生了解在中国预订客房的注意事项等。

❷ 除客房预订外，教师还可以组织学生进行电话预订餐厅、机票、生日蛋糕等。

❸ 活动中如果使用自己的手机进行通话，可以增强接打电话的真实体验。

99. 问路贴图[问路]

活动目的

通过小组问答练习，培养学生用汉语问路的交际能力。

活动准备

❶ 复印活动页 A、B、C，见第 250—252 页。

★A、B、C复印份数 = 学生人数/2

❷ 根据分组情况准备剪刀和胶棒。

参考词语

图书馆 · 饭店 · 地铁站 · 咖啡厅

医院 · 邮局 · 动物园 · 电影院

学校 · 公园 · 公共厕所 · 体育馆

超市 · 酒店 · 宠物医院 · 商场

飞机场 · 游泳馆 · 地铁站 · 面包店

网吧 · 老师家 · 火车站 · 汉语补习班

参考句子

问路	指路
请问，地铁站在哪儿？	一直往前走。
请问，哪儿有咖啡厅？	第二个路口向左转。
去动物园怎么走？	十字路口往右拐，再走 50 米就到。
请问，这附近有公共厕所吗？	邮局后面就是。
继续往前走吗？	不，请往回走。
公园是在东边吗？	不，是在西边，在医院旁边。
离这儿远吗？	不太远，走 5 分钟就能到。

活动步骤

❶ 两名学生一组，教师发给每组一张活动页 A、剪刀和胶棒。各组先将活动页 A 上的图标逐个剪下来，每人拿一套。

❷ 完成步骤 1 以后，教师发给每组一张活动页 B 和一张活动页 C，两个学生各拿一张。

❸ 教师将对话示例写在黑板上，各组学生通过对话完成自己手中的路线图。如学生甲问："火车站在哪儿？"学生乙根据自己手中活动页右上角的小图回答："一直往前走，第二个路口往右转就到了。"甲根据乙的提示找到火车站的位置，将火车站的小图标贴在自己的活动页上。完成后，乙提问，甲回答，乙根据甲的回答贴图。

❹ 所有的图标都贴完后，两个学生将活动页摆在一起，互相检查，并向教师报告结果。全部都贴对的学生得到教师的小奖励。

小贴士

教师可以给每组发一个色子，每次掷色子后由点数大的学生提问并贴图，看谁能最先完成路线图。

100. 贴站牌[乘车]

活动目的

通过贴站牌的游戏，帮助学生熟悉在中国乘车时可能听到的提示语。

活动准备

❶ 复印活动页 A、B，见第 253—254 页。

❷ 根据分组情况准备剪刀和胶棒。

★A、B复印份数＝学生人数/2

参考句子

1. 各位乘客请注意，前方到站北京站。北京站就要到了，要下车的乘客请提前做好准备。
2. 北京站到了，请下车的乘客带好行李物品依次从后门下车。下一站是前门站。
3. 这路车到北京站吗？
4. 到北京站还有几站？
5. 北京站是第几站？
6. 下站是北京站吗？
7. 北京站上 / 下一站是什么站？

活动步骤

❶ 两名学生一组，教师发给每组一张活动页A、一张活动页B、剪刀和胶棒，各组将活动页A上的站牌图标逐个剪下来。

❷ 教师用汉语报站名（站名的顺序由教师自行决定），学生迅速找到相应的站牌图标，将其贴在活动页B的相应位置上。

小贴士

教师可以将报站名的方式改为乘客问路的方式。如各组轮流提问："这路车到……站吗？"或"……站是第几站？"教师回答，学生要快速找到相应的站牌图标，将其贴在活动页的正确位置上。

101. 惊喜的礼物

[邮寄]

活动目的

通过邮寄东西的活动，培养学生办理邮寄业务的交际能力。

活动准备

❶ 邮政专用纸箱、包裹单、各种面值的卡片钱币、电子秤。

❷ 胶带和剪刀。

❸ 小礼物（教师准备的文具，也可以是学生们自己准备的小礼物）。

参考句子

邮局职员	顾客
您要寄什么？	我要寄一个包裹。
要寄到哪里？	要寄到美国。
空运还是海运？	空运。
请先购买邮政专用纸箱。	好的，请给我一个5号纸箱。
还需要填写包裹单。	请给我一张包裹单。
纸箱地址栏里也要写寄件人和收件人的地址、电话和姓名。	这样写对吗？
请问包裹里有什么东西？	一本书、一条围巾和一些零食。
请把包裹放到包裹秤上称一称。	超重了吗？
邮费和纸箱，一共一百二十块。	给您钱。
这是收据，请拿好。	谢谢。

活动步骤

❶ 摆放两组桌椅当作邮局服务窗口，再另摆放几张桌子，当作包裹打包台。指定两名学生当邮局职员，其他学生扮演顾客。顾客先到服务窗口领取邮政专用纸箱和包裹单，然后将提前准备好的礼物装箱、封好，写上地址，并填写包裹单。将打包好的纸箱和包裹单交给职员，称重后付款。

❷ 活动结束后，教师要一一检查学生们写的包裹单和纸箱上的地址，写错的，要指导他们改正过来。包裹单上可以写真实的地址，也可以写假想地址。但收信人的名字要写本班同学。教师指定一名学生做邮递员，按纸箱上的名字，把包裹送到收件人手里。顺利完成包裹单填写及邮递任务的学生，得到教师的表扬。

小贴士

1. 活动前，教师要为学生讲解邮寄东西的程序，以及和邮局职员打交道时的常用语。如果有条件，最好能带学生去附近的邮局或快递站，让学生熟悉邮寄时的实际操作情况。
2. 为了促进学生之间的良好互动和交流，教师可以鼓励学生自己准备小礼物，“邮寄”给想送的同班同学。这样会让学生们对这个活动充满期待。
3. 还可以让学生练习邮寄挂号信，在邮局购买明信片、纪念邮票等活动。

102. 我是“大富翁”

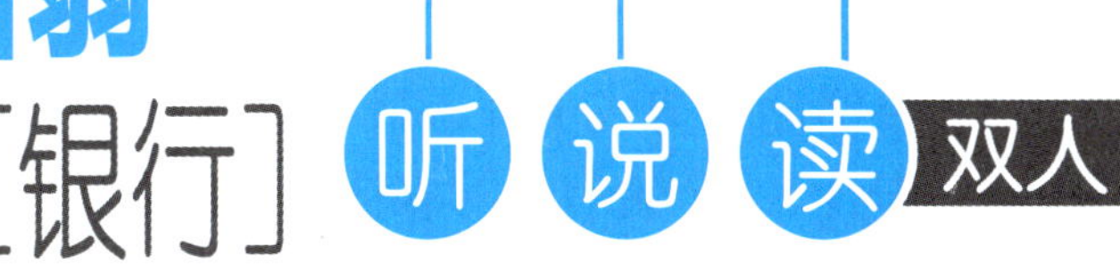

活动目的

通过游戏，培养学生处理简单的银行业务的交际能力。

活动准备

❶ 复印几份活动页，见第 255 页。

❷ 教师准备不同面值的钱币卡片。如：1 万元、5 万元、10 万元、50 万元、100 万元、500 万元、1000 万元等。

❸ 几个装钱币卡的小盒子，几支红色、粉色、绿色、黄色彩笔。

❹ 奖品。

参考句子

1 我去银行存钱 / 取钱。
2 存款利率是 3.5%。
3 我想向银行贷款，贷款利率是多少？
4 我想把美元换成人民币，汇率是多少？
5 我想开一个银行账户，需要什么材料？
6 公司的股票上涨了。
7 投资 100 万元。
8 贷款 1000 万元，建工厂。
9 卖掉工厂，挣了 1500 万元。

活动步骤

❶ 将活动页剪成卡片，最好后面贴上一张厚纸板。两人一组，每组可分到两套活动卡片、1个装有足够多钱币卡的小盒子（小盒子代表银行）。每人可以先从“银行”里拿出500万元，作为游戏开始时的原始资本。教师带领学生为投资回报类卡片涂上粉色，为倒霉卡涂上灰色，为购置消费卡涂上绿色，为幸运卡涂上黄色，为贷款卡及借钱卡涂上红色。活动页卡片有字的一面朝下，摆在桌子上，但红色卡要放在盒子里。

❷ 游戏规则如下：

1) 甲乙轮流掀开卡片，并将卡片拿走。
2) 按掀开卡片上的要求，从银行得到钱，或把钱放进银行。如“公司盈利得500万元”，那么可以从银行拿出500万元；“股票下跌损失100万元”，则要从自己的钱里拿出100万元，放入银行。
3) 粉色对卡，成“对”时才能使用。如“建医院投资400万元”，将400万元放入银行，如果后来又掀开它的对卡“卖掉医院得800万元”，就可以从银行得到800万元。但如果没有掀到对卡，医院就无法卖掉。反之，如果只掀到“卖掉医院得800万元”，而没有“建医院投资400万元”的卡，也无法从银行得到800万元。
4) 灰色倒霉卡，如果有黄色幸运卡，则可以兑换灰色卡片对应的灾难；否则就要往银行里放入要求的钱数。
5) 绿色购置消费卡，要往银行里放入卡上要求的钱数；如果有黄色幸运卡，则可以卖掉私有物品，卖价是原价+10%增值。
6) 黄色幸运卡，如“幸运卡孤儿院资助100万元”，可以给银行100万元，自己保留此卡，也可以卖给对家（如果对家愿意买的话）。此外，幸运卡的好处是：一张幸运卡可以向银行贷款一次，或向对家借款一次（收到一张红色卡作为以后要还款的提示）；可以免灾（比如，掀到“失火损失380万元”的卡，就可以用一张幸运卡免交380万元）；可以卖给对家；可以获得再掀一次卡片的机会；可以帮助卖掉私有物品。
7) 当所有卡片都掀完后，游戏就结束了。结束后，甲乙二人要整理自己的财务，还清贷款或借款，兑换幸运卡，卖掉私有物品，最后剩下的钱，就是这次游戏的纯收入。钱数多的一方，获得“我是‘大富翁’”的光荣称号和奖品，也可以和其他组的获胜者再次进行对决。

小贴士

1. 游戏前，教师要让学生了解银行的职能、活动卡片的内容、游戏规则等，还要帮助学生掌握一些相关词汇和句子。
2. 为了让学生更了解游戏规则，教师可以和一个学生先玩几轮，学生们在一旁观看，充分理解后再开始游戏。
3. 学生在掀开活动卡时，最好把卡片上的内容读出来，让大家听到，这样可以同时训练朗读和听力能力。

103. 对症下药

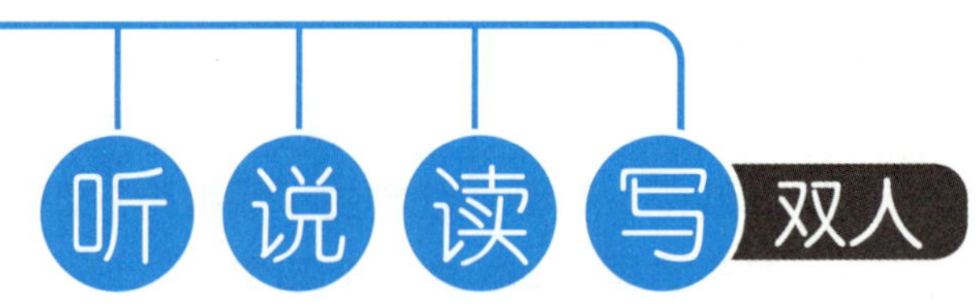

活动目的

通过医院诊治活动，帮助学生了解如何就医，并熟悉医疗用语。

活动准备

❶ 复印数张活动页，见第 256 页。

❷ 一些不同口味的糖果，代表不同的药。一些玻璃瓶，贴上标签，如："感冒用药""胃病用药"等。

❸ 复印空白处方单。

❹ 一个放病症卡片的纸盒。

参考用处方单

处 方 单

医生：

患者姓名	
诊断症状	
药方	

参考句子

医生	病人
您哪里不舒服?	我头疼。
发烧吗?	不发烧。
咳嗽不咳嗽。	有点儿咳嗽。
从什么时候开始的?	从昨天晚上开始的。
你得了感冒。	要打针吗?
不用打针,我给你开点儿药。	这个药怎么吃?
一天吃两次,一次吃两片,早晚饭后半小时吃。	谢谢医生。

活动步骤

❶ 将学生分成三组,一组是医生,一组是药师,一组是患者。患者的人数要比医生多一些,中途医生与患者可进行身份互换。教室前面摆放一些桌子,每张桌子旁边摆放两把椅子,每位医生和患者各坐一把。

❷ 将复印页剪成病症卡片,放在一个纸盒里。患者在就诊前,先抽出一张病症卡,然后任选一位医生去“看病”。医生向患者询问病情,患者按病症卡上的病症来描述病情,医生根据和患者的谈话,判断患者得的是什么病,并开出处方单交给患者。

❸ 教师指定一个学生当药师,药师将各种口味的糖果分别放入贴有不同药名的瓶子。患者拿着药方去取药时,药师要按医生处方给患者抓药。

❹ 患者拿着处方单和病症卡到教师那里,教师要检查该医生是否合格,如果处方单的病名和病症卡不同,医生被淘汰,患者重新回去当患者。没有被淘汰的医生,可以进行下一轮游戏,坚持到最后一轮的医生,将被誉为“好医生”称号。药师拿着抓好的药到教师那里,教师要检查药品是否正确,如果正确加一分,继续游戏,错误被淘汰,最终得分最高的药师被誉为“好药师”称号。

小贴士

❶ 游戏前，教师要带领学生充分了解病名和病症，并反复练习相关词语和句子。

❷ 对于汉语水平较高的学生，也可以不使用病症卡，让学生自由发挥，进行医生和患者之间的对话。

104. 不到长城非好汉

［旅游］

活动目的

通过使用磁力中国地图，帮助学生了解中国地形、省份、重要名胜古迹等旅游知识，并掌握一些常用旅游词汇和句型。

活动准备

❶ 复印活动页，见第 257 页。

❷ 两张磁力中国地图、两个按铃、小红旗不粘贴。

❸ 奖品：印有“不到长城非好汉”字样的扇子或图片。

活动步骤

❶ 找省份：将学生分成两组，每组一块磁力中国地图。先将磁力地图的拼块打乱。教师提前在提示板上写出 5—8 个省份名称，发出“开始”指令后，让两队看提示板上的省份名称，并快速找到代表这些省份的拼块，找全后按铃，先按铃并且完全正确的一组得 5 分。

❷ 拼地图：将磁力拼块打乱，最好撤掉地图的底图，让学生进行盲拼。听到教师发出“开始”指令后，两组代表要快速拼合中国地图，拼完马上按铃，先按铃并且完全正确一组得 5 分。

❸ 旅游知识抢答：教师将活动页发给每个小组，让组员们熟悉一下每个旅游胜地的情况。然后教师收回活动页开始提问。如：“泰山在哪里？”两个小组的组员们找到泰山所在省份，贴上小红旗，先按铃并答对的小组得 5 分。这个环节可以多提几个问题。

❹ “不到长城非好汉”：在地图上标出长城的位置和长度，可以贴上一排小红旗表示

长城的长度。位置和长度最接近正确答案的小组获得 5 分。最后将各游戏环节得分加起来，分数高的一组获胜，获胜组的每个组员都可以得到一把“不到长城非好汉”的扇子或图片。

小贴士

❶ 游戏前，教师要充分讲解中国的省份、重要旅游胜地的情况，帮助学生掌握常用的旅游词汇和句型。

❷ 为了加强学生们对旅游胜地的直观感受，游戏前或游戏后，可以给学生们看一些旅游胜地的纪录片，还可以在大屏幕上展示一些游戏中涉及的旅游胜地的图片。

105. 不见不散

[约会]

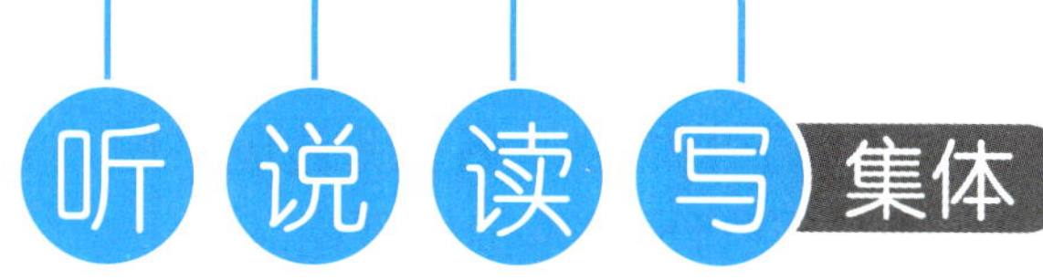

活动目的

通过模拟约会练习，培养学生约会和委婉拒绝的交际能力。

参考句子

邀请者	受邀者
你明天有空吗？	明天我有空，你有什么事儿吗？
有空的话一起去打球吧。	对不起，我没空，我要去学钢琴。
我们去听音乐会，怎么样？	我已经有约会了，下次再说吧。
我想和你一起去看场电影。	我们在哪儿见面呢？
晚上八点在图书馆门口见面，怎么样？	好的，我们不见不散。
就这么定了。	

活动步骤

❶ 教师将对话示例写在黑板上，让每个学生在本子上写下想要邀请的 5 名同学的名字，并分别写出约会的内容。

❷ 教师公布游戏规则：每个学生都要去邀请 5 名同学，但每人只能接受两个人的邀请。

❸ 学生在教室里随意走动，在规定的时间内要邀请到尽量多的同学。邀请到的就在自己本子上相应的名字旁边画笑脸，并写出约会的时间和地点；被拒绝的则要画哭脸，并写出被拒绝的理由。

王云	打网球	☺ 星期六上午十点，体育馆见。
马丽	唱歌	☹ 他要在家看电视。
白明	看电影	☺ 星期六晚上，电影院见。
张红	听音乐会	☹ 她要给妈妈过生日。
李可	放风筝	☹ 他要陪爸爸去钓鱼。

❹ 活动结束后，教师检查约会成果，把有代表性的约会创意和拒绝理由写到黑板上。全班一起评选出“最佳约会创意奖”“最佳约会语言奖”和“最佳拒绝理由奖”等。

小贴士

❶ 活动开始前，教师可以带领学生熟悉一下常见的约会内容和拒绝理由。

❷ 教师可以将全班学生分成 2-4 组，都把教师当作约会的对象，想方设法约到老师，在最短时间内约到教师的组获胜。

❸ 教师可以将约会内容和拒绝理由分别写在小卡片上，发给每个学生一张约会卡和一张拒绝卡，让学生在教室里自由走动，找不同的同伴练习对话。

106. 物归原主

[失物招领]

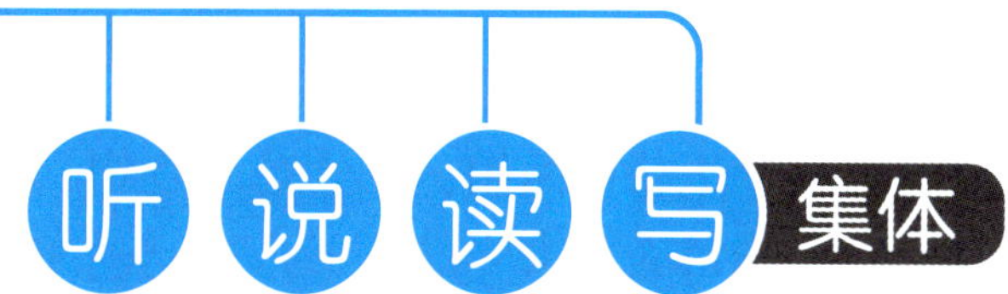

活动目的

通过寻物启事和失物招领的活动，训练学生在丢失物品或捡到物品时，应该如何有效沟通和应对处理。

活动准备

❶ 复印活动页，见第 258 页。

❷ 学生们的日常用品、一些大纸箱。

❸ 奖品。

参考句子

拾主	失主
您好！	请问，您捡到一个红色钱包吗？
是的，先跟您确认一下。您是什么时候、在哪儿丢失的？	是昨天，在学校餐厅丢失的。
您的钱包里都有什么东西？	有学生证、宿舍卡、银行卡、全家福照片和现金。
您的钱包有什么特征吗？	钱包的左下角有一个圆珠笔画的笑脸。
没错，钱包确实是您的。	太谢谢您了。
您看看钱包里的东西都在吧？	是的，都在。这 100 块是给您的酬谢。
谢谢您的心意，不必客气。	

活动步骤

❶ 将学生分成两组，一组是失物组，一组是拾物组。教室前面摆放着几个纸箱，失物组每人要事先准备一样自己的东西，放到教室前边的一个纸箱里。每个纸箱上都贴有地点和时间，如：学校餐厅，周五下午；学校图书馆，周一上午。这些地点和时间代表物品丢失的地点和时间。失物组的学生要注意看好自己的东西放在哪个纸箱里，然后回到座位，参考活动页，每人写一份“寻物启事”。

❷ 拾物组的学生到大纸箱里，随便拿一样东西，注意看好是哪个纸箱里的物品，仔细观察物品后，参考活动页，每人写一份“失物招领”。

❸ 大家可以把“寻物启事”和“失物招领”贴到班级公告板上。根据启事上留的电话或姓名，“失主”和“拾主”尽快联系，最先物归原主的前三组，将会得到教师的小奖励。

小贴士

❶ 活动前，教师要教学生怎么写“寻物启事”和“失物招领”，帮助学生练习“失主”和“拾主”之间沟通时的常用对话。

❷ 一般来说，寻物启事和失物招领上可以不留联系人的名字，只留联系电话即可。但考虑到活动中可能不便于打电话，所以学生们写“启事”时可以留下自己真实的名字，便于游戏中“失主”和“拾主”之间联系。

❸ 失物招领上，可以详细描述捡到的东西，但要保留几个特点，以便核对来认领东西的人是不是真正的“失主”。

107. 贵客临门[做客]

活动目的

通过模拟做客活动，帮助学生了解并熟悉中国人做客和待客的方式。

参考句子

主人	客人
欢迎欢迎！	不好意思，打扰了。
快请进！	谢谢！您太客气了。
哪里哪里，别客气。	非常好吃，谢谢！
请坐。	这茶很好喝。
这种苹果很好吃，您/你再吃一个吧。	你的家太漂亮了！
请喝茶。	谢谢您的热情款待。
吃点儿点心吧。	我吃好了。
多吃点儿。	时间不早了，我该走了。
欢迎下次再来！	请留步！
您慢走！	

活动准备

提前让每个学生准备一个杯子、一两个碗碟、少量水果或零食。

活动步骤

❶ 2—3 名学生一组，分别组成临时的“待客家庭”和“客人小组”，两类小组数量相当，各组分别给本组起个汉语名字。

❷ “待客家庭”布置桌椅，摆好杯盘、点心和水果。每个“家庭”将本组的汉语名字写在白纸上，贴在明显的位置。与此同时，教师将做客、待客的句型写在黑板上，同时画两张评分表。

做客组评分表（由“待客家庭”填写）

评分 小组名	非常好 100 分	很好 90 分	一般 80 分	不好 60 分	非常不好 50 分

待客组评分表（由“客人小组”填写）

评分 小组名	非常好 100 分	很好 90 分	一般 80 分	不好 60 分	非常不好 50 分

❸ “待客家庭”准备好以后，“客人小组”分别去各家做客。待客和做客都要使用汉语进行交际，教师巡视监督。

❹ 活动结束后，“待客家庭”和“客人小组”分别派出代表，根据招待和做客的情况及使用句子的准确度在黑板上的评分表里打分，教师根据评分情况选出“最佳主人”和“最佳客人”。

小贴士

① 在此活动中，教师应要求学生使用自带的水杯，如果有水果和食品等也要新鲜干净，以保证卫生安全。

② 教师可以提醒“客人小组”里的学生自制一些小礼物，送给“待客家庭”。

③ 活动结束后，教师可以引导学生比较一下本国人和中国人待客、做客方式的异同。

108. 校园采访[问答]

活动目的

通过简单的校园采访，帮助学生提高在采访中提问和回答的交际能力。

活动准备

❶ 每个学生需要准备可以照相和录像的手机、送给受访者的小礼物。

❷ 教师准备的小奖品。

参考句子

采访者	受访者
打扰一下，我可以采访你吗？	对不起，我不知道说什么。
很简单的问题，只需要一两分钟。	那好吧。
采访过程中，我可以录像吗？	没问题。
别担心，我会打上马赛克。	抱歉，我不想露出自己的脸。
你最不喜欢的中国食物是什么？	我最不喜欢臭豆腐。
为什么？	臭豆腐味道很奇怪，很臭。
中国人常说臭豆腐是“闻起来臭，吃起来香。”你对这话有什么想法？	闻起来真的很臭，可是吃起来是不是很香，我不知道，也许下次可以尝尝。
谢谢你接受我的采访，请收下这个小礼物。	没关系，你太客气了。

活动步骤

❶ 师生商定几个采访话题，让每个学生在校园里或班级内找一位采访对象进行采访，并录制采访视频。

❷ 让学生下载视频编辑软件，剪掉采访中多余的内容，还可以在视频中拼接与采访内容相关的图片，加入音乐和特效等，使制作的短视频更精彩。

❸ 学生们在规定的时间内，将视频提交给教师，教师在课堂上放映每个采访短视频，并让大家投票选出“最佳采访短视频”，获奖者可以得到教师的小奖励。

小贴士

① 采访前，教师要带领学生进行充分的采访问答训练，让学生们做到胸有成竹，采访时才能不怯场。

② 采访对象可以是本班同学，也可以是外班同学；采访地点可以在教室内采访，也可以在室外采访。采访的时间、地点和对象都由采访者来决定。采访结束后，最好送个小礼物给受访者，表示感谢。

③ 采访话题要贴近学生生活，学生感兴趣才能有话可说。因此教师要提前考察一下学生们对什么最感兴趣、最有话可说，然后师生再一起制定采访话题。

④ 制作短视频除了应用在采访方面，还可以应用在学习方面，如：可以让学生制作“自己眼中的学校 / 城市”“一道美食的烹饪过程”“图书馆里的时光”“大自然的声音”等等，录制后，让学生自己用简单的汉语进行解说配音，这种自主型学习方式，既有趣又有效。

109. 打车出行[网约车]

活动目的

通过模拟手机打车的活动，培养学生打车的交际能力。

活动准备

❶ 复印活动页，见第 259 页。并将活动页剪成条。

❷ 两个纸箱。

❸ 不同面值的钱币卡片。

参考句子

司机	乘客
您好，我的车牌号是京 A12345，是您叫的车吗？	对，是我叫的车。
我已到达您的上车地点，请问您在哪儿？	请稍等一下，我马上就到。
跟您确认一下，您的手机后四位号码是多少？	7978。
要去北京大学，对吧？	是的。
不堵车的话三十分钟左右。	大约需要多长时间？
北京大学到了，您是微信付款吗？	是的，我扫您的二维码。
扫码成功，收您 53 块。祝您愉快。	谢谢，辛苦您了。

活动步骤

❶ 教室前面摆放两个纸箱，分别写上“乘客用”和“司机用”。教师先把剪成条的活动页放在乘客用纸箱里。将学生分成两组，一组当“乘客”，一组当“出租车司机”。乘客到乘客用纸箱里，每人抽一条活动页，把活动页从中间撕开，自己保留一半，另一半放到司机用纸箱里。

❷ 司机组每人轮流到“司机用”纸箱里抽出半条活动页，抽完后，假装打电话，大声问：“您在北京饭店，要去八达岭长城，是吗？”手里有另外半张活动页的“乘客”要假装接电话，和“司机”沟通，约好见面地点，如“我在饭店门口等您。”“好的，我马上就到。”

❸ 看活动页上的公里数，参考下表，司机和乘客要做出相应的活动。到达目的地后，参考下表，司机让乘客扫码付钱。

❹ 找错司机或乘客的学生，以及放弃的学生，要充当啦啦队，在全班同学面前表演节目。

	10 公里以下	11～20 公里	30～69 公里	70 公里以上
乘车方式	一前一后走一圈	一前一后走两圈	勾肩搭背单腿跳 10 步	司机背乘客走 10 步
车费	20 块	50 块	100 块	200 块

小贴士

❶ 用手机叫车，已成为日常生活一部分，如果班里很多学生还不会用手机叫车，教师在活动开始之前，可以先指导学生怎样用手机打车。

❷ 活动前，教师要带领学生熟练掌握叫车时的常用汉语。必要时，可以让学生真正用手机叫一次车。

110. 厨艺大赛［烹饪］

活动目的

通过展示厨艺的活动，培养学生讲解烹饪方法和品评食物的交际能力。

活动准备

❶ 复印活动页，见第 260 页。

❷ 每组学生准备本组要用的食材、作料、菜品的名牌和一个小纸盒。

❸ 一次性餐盘、杯子、筷子和叉子。

❷ 好评卡和奖品。

参考句子

洗	把苹果洗干净。
削	削掉苹果皮。
切	把苹果切成小块。
加	加少许沙拉酱。
放	再放 10 克白糖。
搅	用筷子搅一搅。
拌	用筷子把沙拉酱拌匀。
炒	不需要用油炒。
盛	用勺子把苹果沙拉盛出来。
装	装在盘子里。
装饰	在盘子周围装饰一点儿黄瓜片。
完成	苹果沙拉就完成了。
酸	醋放多了，有点儿酸。
甜	酸甜可口，味道非常好。
辣	可以做成微辣或麻辣口味的。
咸	咸淡正好，不用再放盐了。
酥	外酥里嫩，口感好极了。
腻	肉放多了，有些油腻。

活动步骤

❶ 两人组成一个烹饪小组，一人是大厨，一人是助手。教师提前将活动页复印好发给每组，每个小组要提前商定好参赛菜品，准备好食材、作料、制作工具，并在厨艺大赛当天带到教室来。

❷ 教室前面摆放一些桌子，每个烹饪小组一张桌了，当作操作台。每组可以领取一些纸盘、纸杯、筷子、叉子等。然后将带来的食材进行制作、摆盘。完成的小组，把菜品的名牌和小纸盒摆放在作品旁边，并用汉语讲解食物的制作方法。

❸ 所有烹饪小组都完成后，教师给每个学生发三张好评卡，让大家看一看每组的菜品，并把好评卡分别投给三道自己认为品相最好的菜（把好评卡投放在每组的纸盒里）。得到最多好评卡的前三组，将得到教师的小奖励。

❹ 教师重新给每个学生发三张好评卡。各组将自己的食物切成小块，供大家品尝。获得味道好评卡最多的前三组，教师会为他们颁发“金牌大厨”和“金牌助手”奖。

❺ 教师请获奖小组用汉语说说自己用的食材和料理方法，还可以请其他同学各抒己见，用汉语谈谈获奖组菜品的品相和味道。

小贴士

1. 食材的要求：准备半成品或可以直接食用、不需放在火上烹饪的食材，比如：水果、面点、奶类、坚果、香肠、熟肉、橄榄油、沙拉酱、可生吃的蔬菜等。各种食材最好在家洗好、切好后带到教室。也可以制作饮品来参赛。教师请注意食品安全和操作安全的问题。
2. 在烹饪大赛之前，教师要带领学生们熟悉常用食材的汉语名称，烹饪时常用词语和句型，以及品评时常用词汇。
3. 建议学生们制作有本国特色的菜品，或自己最喜欢的菜。鼓励学生多多参考烹饪视频进行学习。
4. 如果学生自己准备食材有一定困难，教师帮学生们准备一些简单的食材，教学生们做简单的中国菜，比如，“麻辣拌”“水果捞”“奶茶”等。

111. 反串《嫦娥奔月》[对话]

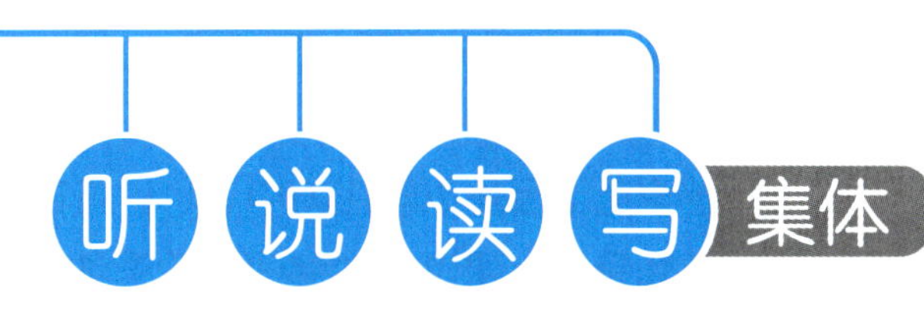

活动目的

通过表演活动，培养学生对话的能力。

活动准备

❶ 表演时所需道具、服装、化彩妆的化妆品。

❷ 提词纸。

❸ 奖品（可以准备一些月饼当奖品）。

活动步骤

❶ 教师提前让学生们熟悉《嫦娥奔月》的故事，学生们可以自己选择角色，因为是反串表演，所以男生要演女性角色，女生要演男性角色。让学生们根据故事的某部分情节，自己编写简短有趣的剧本，如：嫦娥奔月那一段。

❷ 布置舞台，可以活用投影仪屏幕当布景。安排一位提词的同学坐在前面，将台词写在 A4 纸上，如果有演员忘词儿，可以提示。

❸ 在表演过程中，演员可以走到观众席，向观众提问。比如，嫦娥被后羿表白后，可以跑到观众席问：“我是接受他的表白呢？还是不接受呢？”让观众参与进去更有趣。表演后，观众可以投票选出自己最喜欢的反串角色。得分最高者，可以得到“最佳演员”称号，并得到奖励。

小贴士

1. 这个活动尽量以学生为中心、进行自主型学习，从剧本到角色，让学生们自己安排。教师只提出建议，对台词中的语法错误可以给予一些修改。
2. 让学生们充分了解这个民间故事的内容，找《嫦娥奔月》的电影或动画片给他们看。学生们自己编写的剧本，不必按原剧情节，只要合情合理、有趣有益就行。
3. 表演过程中，学生可歌可舞，也可以加入背景音乐。让学生们充分发挥自己的才能。

112. 绕口令［朗读］

活动目的

通过朗读绕口令的活动，培养学生用正确的发音和节奏进行朗读的能力。

活动准备

❶ 活动页，见第 261 页。

❷ 大纸板（一张纸板写一个绕口令，字要大）。

❸ 一个软布锤、奖品。

活动步骤

❶ 准备好绕口令大纸板，按从简到难的顺序，每轮出示一张。学生排成一排，依次到教室前面读绕口令，读错或结巴的学生被淘汰出局。通过的学生重新站成排，开始第二轮挑战，绕口令纸板也相应地换成 2 级难度。

❷ 绕口令难度不断增加，被淘汰的学生越来越多，通过最后一关的学生，将获得“绕口令大王”称号，并得到教师的奖励。

小贴士

1. 活动前，教师要带学生做一些绕口令朗读训练，提醒学生注意相似发音的区别。绕口令是朗读训练的一个重要方法，练习的关键首先是发音准确，每个音都要发饱满。教师在指导学生练习绕口令时不要只求速度，如果吐字不清达不到训练目的。
2. 让学生朗读的绕口令，可以在上面标注拼音，对照拼音，学生发音更容易准确。
3. 除了练习绕口令以外，还可以带学生们做儿化发音训练，或让学生找一小段自己喜欢的广播节目，跟着播音员练习朗读。

113. 电影配音师[对话]

活动目的

通过模拟电影配音活动，培养学生的模仿能力，丰富朗读时的感情色彩，增加学习兴趣。

活动准备

准备一段电影或电视剧的视频，时长以 2—3 分钟为宜。

活动步骤

❶ 两人一组，每组各自准备一段 2—3 分钟、有对话的电影视频，也可以全班同学准备同一段视频。

❷ 先熟悉这段视频，整理出台词，两搭档反复练习，对口型，设计用哪种感情来配音，如：原声型、夸张型、搞笑型、深情型、恐怖型等等，用与原声不一样的感情进行对白，会更有趣。

❸ 用手机的“录屏”功能，可以进行简单的配音操作。将准备好的电影视频打开，手机调成无声状态，打开录屏功能，就可以进行配音了。

❹ 参考一些音效制作教学视频，在完成对白配音的视频里加点儿音效设计或背景音乐，会有更好的效果。电影配音制作完成后，将视频发给教师，教师在课堂上播放，全班可以一起评选出“最佳电影配音”奖。也可以多设立几个奖项，如“最搞笑配音”奖、“最深情配音”奖、“最佳音效”奖、“最佳背景音乐”奖等等。

小贴士

这个活动还可以用另一种方式进行：

❶ 教师先用无声状态播放两次短片。

❷ 2—4 名学生一组（组员人数与短片中的角色人数相同），用 8—10 分钟的时间共同为这段短片设计对话。

❸ 教师用无声状态再次反复播放短片，各组学生根据本组的对话设计为短片配音。可以先在下面练习，然后轮流到教室前面表演。

114. 开心辞典[综合复习]

活动目的

通过知识问答，帮助学生进行综合复习。

活动准备

❶ 挑选九个话题，每个话题下设计 6—8 名学生感兴趣的问题，将每个问题都写在一张小纸条上，然后按话题归类，分别放到九个信封里。

话题 & 问题举例

爱好——你的爱好是什么？ / 你喜欢打篮球还是打网球？

水果——翻译词语：three apples / seven pears / 用汉语说出两种这个城市能买到的水果。

国家——用汉语说出中国的三个邻国。/ 西班牙在哪个洲？

身体——仿照“我的眼睛很大”造一个句子。/ 你的个子高还是老师的个子高？

动物——用汉语说出六种动物的名字。/ 熊猫是哪个国家的国宝？

数字——用汉语读电话号码。/ 56 加 34 等于多少？

活动——你今天早上是几点起床的？ / 你吃早饭了吗？

节日——中国人过春节的时候常常吃什么？ / 你们国家的国庆节是哪一天？

服装——翻译句子：“I have a pair of red shoes.” / 你的鞋是什么颜色的？

❷ 用大白纸做一个纸棋盘，将要练习的九个话题分别写在格子里。

爱好	水果	国家
身体	动物	数字
日常活动	节日	服装

❸ 准备两种颜色的磁贴（或标签）各 9 个。

活动步骤

1. 教师将做好的纸棋盘粘贴在黑板上，然后把全班学生分成两组，将两种颜色的磁贴分别发给每组各九个。
2. 各组轮流派学生拿一个磁贴到黑板前回答问题。被指派的学生先从纸棋盘上随机选择一个话题，如“国家”，然后从“国家”话题的信封里抽取一个问题并回答。如果回答正确，该学生就将磁贴贴在纸棋盘上的“国家”一格中；如果回答错误，该学生就要拿着磁贴回到座位，他所在的组失去本次机会。
3. 最先将磁贴在纸棋盘上连成一条横线、竖线或者斜线的组获胜。
4. 教师取下磁贴，重新发给学生，重复这个活动。

小贴士

1. 此活动属于语言运用和文化知识的综合练习，既可用于句法练习，也可用于语篇练习。教师可根据教学情况和学生水平灵活设计与安排。
2. 教师应根据学生的水平和兴趣设计话题和问题，内容可以丰富多样，五花八门。
3. 教师可以将问题的答案用小字写在问题纸片背面的角落里，以方便自己在活动中查看。
4. 活动结束后，如果还有一些问题没有被抽到，教师可以组织学生进行抢答。

课堂教学解惑

1. 怎样挑选和准备教材?

思考问题

在开始一门新课前，你会如何挑选和准备教材?

A. 选择自己喜欢的或以前用过的教材

B. 征求学生的意见

C. 和其他教师商议，由经验丰富的教师推荐

D. 向相关管理部门或出版社咨询

在开始一门新课前，教师应谨慎地选择教材。教材是否合适在很大程度上决定了课堂教学能否顺利进行，以及能否在最短时间内使学生取得最佳的学习效果。在选择教材时，可以从以下几个方面进行考察:

一、针对性

1. 难易程度如何? 能否有效帮助学生提高汉语水平?

2. 是否符合学生的年龄、文化背景和学习目标?

3. 是否与当地的教学大纲相匹配?

二、科学性

1. 体系是否完整? 是否循序渐进?

2. 每课的教学内容是否环环相扣?

3. 语言点、文化点讲解的难易度和准确性如何?

4. 常用词语和句型的复现率如何?

5. 是否既有机械性练习，也有交际性练习?

6. 有无配套的练习册和教师用书?

三、趣味性

1. 话题是否为学生所喜闻乐见? 是否有时代气息?

2. 内容编排上是否体现出动静结合的特点?

3. 是否包含了生动有趣的课堂活动?

4. 练习形式是否多种多样?

5. 是否有助于调动学生的积极性?

四、创新性

1. 是否有不同于以往教材的编写理念?

2. 在插图设计等方面是否独具匠心?

3. 是否有多媒体等教学辅助资源?

2. 怎样有效地使用教材?

思考问题

在教授一门课程时，你一般怎样使用教材?

A. 只用一套教材

B. 一套教材+自己准备的其他资料

C. 基本不用教材

D. 将几套教材结合起来使用

有些国际中文教师上课时习惯依赖某一本固定的教材，往往是一本教材在手，一个学期不愁。而实际情况是，一本教材往往很难完全满足课堂的需要，因此在备课时，教师有必要对教材进行再加工和再创作。要做到这一点，首先要对与本门课程相关的各类教材有一个较为全面的了解和把握，如每种教材的理念、编写原则、结构设计等，然后再结合本班学生的实际情况和本课程的教学目标来选择教材。较好的做法是以一种教材为主，同时吸收其他教材的精粹。好老师绝不是照本宣科的教书匠，汉语教学的魅力在于教师在每一节课中展现出来的想象力和创造力。

比如，在讲“运动”这个话题时，教师可以大体上按照所用教材中的内容进行教学，同时也要分析其他教材中关于“运动”这一话题的内容，抽取其中实用的词语、句型、课堂活动、练习、图片和视频等材料，加以梳理，充实到自己的课堂中来。

目前，绝大多数国际中文教材都不缺少汉语本体知识的讲解和操练，因此需要教师补充的材料通常是导入环节、课堂活动、文化讨论的话题和语言实践任务的设计。课堂活动可以参考本书的“课堂活动设计”部分，

导入环节的设计可以参考本部分的问题32，文化讨论的话题和语言实践任务则需要紧密结合课文内容和学生的兴趣点来设计。

3. 备课环节要注意哪些问题？

编者信箱

我是一名国际中文教育志愿者。在试讲汉语课以前，我和同学们花了同样多的时间备课，教案也写得很详细，但是课堂教学的效果却有很大的差别。这是为什么？

课堂教学效果的好与坏不是由某一个因素决定的，教师、学生、教材、教学条件与环境等多种因素都会影响到课堂教学效果，而备课是其中至关重要的因素之一，有“备”而来，才能事半功倍。教案一定要写，但详略因人而异，关键是教师对课堂教学的全过程要做到清楚明了、心中有数。备课时需要注意以下三个方面，才能取得最佳效果。

一、备教材

在充分研究教材的基础上，不但要把握整套教材的体系、特点，而且要把握本课的教学目标、教学重点、教学方法、教学步骤和板书设计等；同时还要比较所用教材与其他同类教材的区别，去糟存精，对所用教材中不合理的地方加以改编，进行再加工。

二、备学生

要研究教学对象的特点，认真思考采取何种教学方式和操练方法最适合本班学生。具体来讲，需要教师认真思考的问题如“哪些学生是外向的？哪些是内向的？学生的兴趣点在哪里？学生之间的关系如何？某个重要的问题提给哪个学生更适合调动课堂气氛？如何吸引学生的注意力？”等等。

三、备活动

课堂活动是实现语言教学目标、完成语言操练的途径，也是调动学生的学习热情、活跃课堂气氛的重要手段。何时穿插课堂活动是因课而异、因时而异、因学生而异的，不一定每个教学环节都需要，也不一定每堂课都要做，教师需要根据教学实际进行巧妙的设计和安排（具体做法参见本书的“课堂活动设计”部分以及本部分的问题25、26和27）。

总之，大到一个学期的教学安排，小到一篇课文的教学设计，教师在备课时都应该有个总体的规划。好的课堂教学效果不是偶然产生的，而是教师备课时“备”出来的。

4. 如何准备一堂新课？

编者信箱

我现在是一名国际中文教育硕士专业的研究生，下个月将参加国际中文教育志愿者考试。听说考试中有试讲环节，我想知道当我拿到一篇课文后，应该如何着手准备一堂新课呢？

备新课和上新课是年轻教师都要面对的汉语教学第一关。“良好的开端是成功的一半”，教师在备新课的时候要注意以下七项方面：

一、明确教材适用的难度级别。教师可以先浏览教材的前言、编写说明和目录，快速了解教材的适用对象和适用级别；然后再认真研究某一课的生词、语法、课文、练习等，由此确定所用教材的难度定位。

二、确定教学目标和教学要点。教学目标一般分为功能目标和结构目标，功能目标是指学生应该掌握的交际能力，如“询问、邀请、感谢”等；结构目标是指学生应该掌握的语言知识，如语音、汉字、词语、语法等。教学目标通常也就是本课的教学要点。

三、把握教学难点。教学难点不同于教学要点，教学要点是相对固定的，编写者在编写过程中就已经确定了各课的教学要点；而教学难点是不确定的，根据学生具体情况的不同而不同，比如，对欧美学生的教学难点不一定是对日本学生的教学难点。教师要认真分析教学对象的特点，然后结合教材正确地找出教学难点。只有这样，才能真正做到“因材施教”。

四、设计教学步骤。以上三个方面实现以后，教师就可以进入教学步骤的设计阶段了。教学分为几个环节，每个环节的具体操作步骤如何设计，每个步骤的完成时间如何安排等，这些问题教师在备课时都要考虑妥当。另外，教学重点要突出，难点要有应对办法。

五、设计课堂活动。广义的“活动”包括练习、游戏和其他任务。丰富的课堂活动对提升课堂教学效果有非常重要的帮助。

六、准备教具。教师要事先准备好所需的教学辅助工具，如卡片、实物、幻灯片课件和其他教学用品等。

七、设计互动环节，活跃课堂气氛。语言课的教学应该是双向的、互动的，教师在准备一堂新课时要事先设计好在哪个环节安排与学生的互动、以何种方式互动、如何根据情况调动课堂气氛等。只有这样，才有可能对课堂上出现的任何情况做到应对自如。

5. 一个班的学生汉语水平参差不齐，如何进行教学？

思考问题

你有没有遇到过这样的情况——上课时有的学生觉得讲得太慢，内容太容易；有的学生则抱怨讲得太快，内容太难，这时候应该怎么办？

对于学生汉语水平参差不齐的班级，教师在全面掌握学生情况的基础上，可以尝试采取以下三种方法来应对：

一、差异化教学。在教学过程中对不同类型的学生要区别对待。比如在提问环节，教师可以先将比较难的问题提给有一定汉语基础的学生，再将比较容易的问题提给刚入门的学生。同时教师在布置课堂任务或作业时，要让水平较高的学生去完成更富挑战性的任务，以满足他们更高的求知欲望。对于水平低的学生要注意帮助其打好基础，多多鼓励他们。

二、优势互补。教师要学会利用学生的不同特点进行优化组合。有的学生喜欢写，说得较慢；有的学生喜欢口头表达，写的方面略为逊色，教师可以将他们在小组活动中安排在一起，使其互相帮助，让他们都获得一定的成就感。

三、个别辅导。教师还可以在课余时间对水平较差的学生进行有针对性的帮助。

教师在做如上这些调整时应是潜移默化的，要顾及每个学生的感受，让大家都保持学习的热情。

6. 如何使不喜欢说话的学生愿意开口？

编者信箱

我是一名国内的国际中文教师。我的班上有两位性格内向、不喜欢开口讲话的学生，她们从不主动说汉语，回答问题时声音很小，回答极其简短，我觉得这对课堂气氛产生了一定的影响，我应该怎么办呢？

有些来华学习汉语的学生很沉默、内向，不想开口，但是他们并非真的不想说汉语。沉默的原因之一是没自信，怕出错，怕被人笑话；原因之二是有些话题不是他们所感兴趣的，或者他们对当前的谈话内容已经感到厌倦了。据观察，内向的学生往往在遇到自己非常有兴趣的话题时才愿意开口讲话。在这种情况下，教师应首先在思想上让学生放下包袱，轻松学习，鼓励他们大胆表达，提高开口率。教师可以这样鼓励学生：

“就是因为不会说，所以才来学习汉语。只有说出来，老师才能帮助你，你才能进步。”教师要让学生树立起这样一种观念：学习汉语时说错了是很平常的，不必为此惶恐不安；也要在班级营造这样一种氛围：一人发言时，其他人要保持安静，不要交头接耳地议论。针对这些不愿开口的学生，还有几种具体方法可供教师选择：

一、布置指令式的表达任务，如造句、演讲、背诵、朗读课文等，这些口头表达任务是每个学生都必须完成的。在初始阶段，也可让他们先写出来，再练习说。

二、挖掘这类学生的感兴趣的话题，如运动、电脑、汽车、感情、工作等，让他们说既熟悉又有兴趣的内容，自然就会愿意表达。

三、设计出较好的交际情境，教师可利用多媒体、课外实践活动等手段或方法，尽量将学生引入较为真实的情境。在这样的情境中，出于交际的需要，学生必须用汉语来表达，他们就会不由自主地开口讲话了。

四、在开始阶段侧重问他们擅长回答的问题，一旦答对，教师就给予充分的肯定和鼓励，这样可以很好地帮助他们提升自信心。

五、试着让他们在一个集体表达任务中担当角色，因为如果一个人表达不出来，会影响其他人的成绩，这样就会促使学生用汉语表达。比如，进行话题讨论时，教师可以列出参考词语和句型，让各组都用这些句型和词语来谈论该话题。教师要规定每个学生都要说话，组员之间可以互相帮助，看看哪组在最短的时间内准确地用到最多的参考词语和句型。在这样的氛围下，为了集体的成绩，学生都会愿意开口的。

在运用这些方法的过程中，教师当然也要把握一条最为重要的原则：

注意保护好学生的自尊心。对内向、不自信或者进步慢的学生一定不要说否定的话去刺伤他们，坚持以积极的态度、鼓励的动作和亲切的语言去帮助学生克服在口语表达上的心理障碍。

7. 如何与零起点的学生进行快速、有效的沟通？

编者信箱

我于2009年来到澳大利亚教中小学生汉语。我一直以为零起点班最好教，后来上了课才发现，因为学生水平低，我跟学生几乎无法交流，影响了课堂气氛和教学效果。请问有什么好办法吗？

与零起点的学生进行交流是件不容易的事，但是为了使课堂教学顺利而有效地进行，为了与学生之间尽快建立起良好的师生关系，交流必不可少。实际上，在第一节课就要着手解决这个问题，具体方法是：首先要教给学生基本的课堂用语，如“听、说、读、写、看、快、慢、不快、不慢、明白、不明白、对、错”；其次教给学生一些表示赞赏和鼓励的词语，如“聪明、好”等。在以后每次上课前教师都可以跟学生一起温习这些词语，这样很快就可以使用这些词语与学生进行沟通了。下课时教师可以很亲切地问学生“明白？”“不明白？”“快？”“慢？”等，引导学生尽量使用汉语回答自己的问题，然后教师用“聪明、好”等词语配合手势对学生给予鼓励和称赞。这样做既交流了思想，又沟通了感情，同时也使学生在短时间内获得了用汉语表达的成就感。

在针对海外零起点的中小学生的汉语教学中，教师不仅是知识的传授者，更应该是积极的活动组织者和优秀的表演者。教师要利用一切可以利用的资源，运用一切可以运用的手段，在最短时间内建立与学生之间的默契与信任。在这个阶段，教师不宜用汉语说内容较长的课堂指令或给予过多的解释，而应该更多地借助夸张的表情和动作、生动的图画、实用的教具、欢快的歌舞等进行教学，以此帮助学生轻松自信地度过汉语学习的入门阶段。

8. 针对“单一国别班”和“多国别班”应分别注意什么？

你觉得哪种类型的汉语班更容易教？

A. 单一国别班

B. 同一地区班（如欧洲班、亚洲班等）

C. 联合国班

当同一个班级的学生都来自同一国家、同一学校，甚至同一班级时，我们称之为“单一国别班”。

“单一国别班”的教学优势在于：学生的母语和文化背景相同，采取汉外对比教学的方法会取得非常好的效果。如在语音教学中，教师可以让学生对比汉语和学生母语中发音的异同，让发音准确的学生讲讲自己的发音体会和方法，这会比教师单纯用汉语讲解获得更好的效果。此外，“单一国别班”的学生往往比较容易组织，教师可以多组织一些集体活动。

“单一国别班”的教学劣势在于：学生母语相同、教育背景相同、生活环境相似，彼此交流的兴趣会大受影响。在这种情况下，课堂的气氛往往很不容易调动。对此教师需要注意：

一、学会“同中求异”，选择每个学生都会有感而发的话题。选择话题时首先要考虑每个学生是否都有不同的观点可以表达，因为传达新信息是人们进行语言交际的首要目的。如谈论“服装、爱情、个人饮食习惯”等话题就是不错的选择，而“学校生活”等话题对“单一国别班”的学生来说是已知的共有信息，很难让他们产生新鲜感，彼此交流的兴趣就会降低。

二、让学生以小组为单位，由几个人共同完成一个语言实践任务。为了激发学生的表达热情，教师可多让学生结成小组来共同完成一个语言实践任务，汇报时让每个小组成员都说几句，组员之间可以互相帮助，这样做可以发挥学生之间容易配合的优势，收到较好的学习效果。

三、避免学生经常在一起说母语。“单一国别班”的学生会不自觉地在一起用母语交流，这对汉语教学很不利，教师应采取一些措施避免这种情况的发生（具体办法可参考问题12）。

当同一个班级的学生来自不同国家和地区时，我们称之为“多国别班”。

“多国别班”的教学优势在于：学生之间交流的兴趣较为浓厚，课堂气氛通常很活跃，这时候教师可以多组织会话表演、文化讨论等活动促使学生发挥个体优势，各显所长。

“多国别班”的教学劣势在于：学生的语言背景和文化背景不同，教师很难做到有效的针对性教学。另外教师同时面对的学生特点不同，课堂教学很难做到全面、周到。对此，教师需要注意：

一、在知识讲解方面，应侧重讲普遍规律，抓要点，尽量用汉语讲解；如需进行对比，可以偶尔以英语为例。

二、在提问、练习和布置作业等环节，应对不同类型的学生采取有针对性的训练策略，如加强欧美学生的汉字练习，加强日韩学生的口语表达能力训练等。

三、在文化讨论中，应关注每个国家学生的心理感受，尊重各国的文化、习俗。尤其在一些敏感的政治问题上要保持警觉，避免冲突和矛盾。

四、在口语教学和操练中，应公平地给各国学生表达的机会。某些国家的学生在起始阶段对中国有较强的陌生感，有时可能表现得不够积极主动，甚至会产生一些自卑感。教师应及时给予鼓励，使其尽快融入集体中来。

9. 学生在日常生活中没有机会说汉语怎么办？

编者心语

我在和外国同行的交流中，常常听到来自海外偏远地区的汉语教师的抱怨，他们说因为当地中国人很少，在日常生活中学生几乎没有机会说汉语，影响了学习的积极性。

这个问题在国外的汉语教学中确实普遍存在，但是有经验的汉语教师仍会抓住机会，化解这个难题。

比如，一位法国的汉语教师生活在法国乡村，当地几乎见不到中国人。学生感受不到学习汉语有什么用，学习的兴趣也渐渐降低。一天，这位教师在路上偶遇了一个中国人，她灵机一动，走上前询问这个中国人能否去她的汉语课堂，和学生用汉语对话。这个中国人答应了，来到了她的课堂上，学生们都踊跃地用汉语和中国人打招呼、聊天，高兴极了。学生们感到了用汉语交流的快乐，同时也体会到了学习汉语的实用价值，以后学习起来就更有热情了。

另外一些方法是每年带学生到中国进行社会实践，短期进修汉语；帮助学生从网上找中国笔友，利用网络进行书信沟通或视频交流等。只要我们真心想把汉语教学做好，搭建起中外友谊的桥梁，总会想出好办法来的。

10. 为什么学生上课时听得懂汉语，下课后就听不懂了？

编者信箱

我是初级班的留学生，来自非洲。我有一个疑惑：为什么上课时老师说的话我都能听懂，但在日常生活中我却经常听不懂其他中国人说的话？

学生之所以听不懂课堂以外中国人说的话与以下四种因素有关：

一、跟所处的环境有关。课堂上没有外界干扰，语言信号较为清晰，便于学生接收和理解；而课堂外，如人声嘈杂的走廊、市场、超市等地方，语言信号受到的干扰较大，会直接影响接收效果。

二、跟教师的语速有关。教师在课堂上的语速不是真实环境中的自然语速，这种语速是教师在已知学生水平和能力的前提下形成的，目的在于给学生提供足够的时间，便于他们接收和理解。

三、跟教师所发出的语言信号的独特性有关。教师很清楚学生的汉语水平，所以对教学语言有所筛选，避免了方言、俗语等较难的内容，而是选择那些已经储存在学生大脑中的词汇、句型、文化等与学生进行交流。

四、跟学生的语言解码能力有关。语言解码的过程是听者对言语信号辨别、分析、综合处理的过程，学生对某种言语信号越熟悉、越敏感，解码就越快越准，否则就很难进行。相对于课外的语言环境来讲，大多数学生更加熟悉课堂上的语言环境和教学用语。

为了提高学生在课外的听力水平，在听力训练中教师可以有针对性地加强以下几个方面：

一、帮助学生提高辨音能力、记忆能力和听后快速反应能力等。

二、采取有效措施，如增加语速由慢到快的渐进式听读练习，以引导学生逐渐适应真实情境中的语言。

三、加入一定量的方言和俗语知识的讲解与训练，如北京话中的儿化音，南方人易混淆的n和l、h和f、un和en等。

四、根据学生水平和所学内容录入或收集一些真实的口语语料播放给学生听，帮助他们尽快适应真实的交际环境。

11. 如何在课堂教学中更好地发挥学生的主观能动性？

思考问题

为了调动学生主动学习的积极性，你采取过哪些措施？

A. 教师提问学生答

B. 让学生向教师提问

C. 让学生自由表达

D. 增加语言实践活动

要更好地发挥学生的主观能动性，常用的方法是设立各种功能目标，如询问、邀请、介绍、同意、拒绝等，然后通过角色扮演、小组练习、情景对话、游戏等方式鼓励学生主动参与，在完成一项项交际任务的过程中帮助学生实现从语言知识到听、说、读、写四项言语技能，再到综合交际能力的转化。在此过程中，教师要注意以下三个方面：

一、引导学生主动学习。即使在语法讲解中，教师也不能搞“一言堂”，而应该引导学生自己去认知语言现象，归纳语言规则，并在实践中使用语言。

二、倡导以学生为主体的课堂互动。为了提高学生的开口率，教师要多关注学生的个体特点，促进学生之间的相互交流，同时要多创造学生向教师提问以及学生自我表达的机会。

三、准确定位教师自身的角色。教师在课堂教学中的作用应是确定话题、设计情景、讲解要点、组织管理、辅助表达并归纳总结。在教学活动中，教师要多从学生的视角来审视自己的设计，组织教学时要尽可能考虑学生的水平和需求。

12. 学生上课时总说母语怎么办？

编者信箱

我在教一个美国学生班。学生们经常在进行课堂活动和集体讨论时说英语。有的学生认为说英语有助于他们互相帮助，理解授课内容；也有学生对此很不满，认为说英语浪费了用汉语进行口头表达的时间。为此我很头疼，不知道该如何管理这样的课堂。

第二语言习得的研究表明，学生母语知识和母语的思维方式影响第二语言的学习，影响的程度取决于两种语言差异程度的大小。学习者将母语中的语言规则用于外语的学习和使用中，这种现象就是“语言迁移”。语言迁移有正、负之分。如果母语的语言规则与目标语是一致的，母语对目标语就会产生积极的、正面的影响，这被称为“正迁移”，相反就是“负迁移”。据研究，由于英汉语言差异相对较大，英语在汉语学习中通常以负迁移的形式出现。在汉语课堂教学中，如何处理汉语与学生母语（或媒介语）的关系是所有教师都要面对的一个问题。

如果学生在理解某些语言点、知识背景或活动规则有困难时，教师可以允许学生之间互相用母语解释一下。但是，一旦进入了口语操练环节，教师就应该要求学生完全使用汉语。如果这时再说母语，就会干扰到课堂秩序，影响教学效果。

如果学生在课堂上经常说母语，教师就必须起到监督和引导的作用，采取从提醒到处罚的一系列措施。比如，将每个学生说母语的次数列在黑板上，让每堂课说母语超过三次的学生抄写课文或表演小节目等。此外，教师还可以鼓励学生进行自我监督，互相提醒。对于从不在课堂上说母语的学生，教师可给予一定的奖励。

实际上，在课堂上“说母语”不只是学生的问题，有不少教师也为是否使用学生的母语这个问题而困惑。从教师的角度来讲，在初级阶段与学生很难交流，也许不可避免地会使用一点儿学生的母语进行沟通。另外，在讲解时碰到不易用汉语解释，或借助手势语等方式都无法使学生理解的情况，教师也可以用学生的母语翻译一下，这确实可以起到事半功倍的作用。学生母语的另一个作用是，如果母语和目的语在某一个语言点上有相异之处，教师可以进行母语和目的语的对比讲解，从而避免“负迁移”现象的产生。

13. 学生上汉语课时注意力不集中怎么办？

编者信箱

我在秘鲁的一所中学教汉语。我现在最大的问题是上课时学生很难集中注意力，难道是我的教学方法有问题吗？

心理学研究表明，不同年龄的人，注意力稳定持续的时间有所不同。一般5~7岁的儿童，每次注意力稳定的时间约为15分钟，7~10岁约为20分钟，10~12岁约为25分钟，12岁以后约为30分钟。由于大多数学生都会感觉学习是很枯燥的，因此学生在课堂上的注意力稳定时间可能会更短。了解了这一点以后，教师应该采取一些更有针对性的方法，合理解决学生注意力不集中的问题。

一、优化课程设计。教师应将重要的教学内容尽量安排在每节课的前半部分。

二、合理分配时间。任何一个教学环节的设计和实施都不宜过于拖沓冗长。

三、采取多种教学方法。教师要从听、说、读、写、做等各方面调动学生的积极性，同时可以使用教具、多媒体等辅助教学，使学生保持对学习的兴趣。

四、注意劳逸结合。教师要根据教学节奏适当地转换话题，同时注意结合学生的实际情况调整教学方法，如做游戏、聊天等，而不应一味沉浸在书本教学中。

五、对学生要严格要求，培养学生的意志力。“天才，首先是注意力”。教师要鼓励学生坚持学习，强调意志品质对于成功的重要性。

六、设计丰富的课堂活动。学生的注意力渐渐消失的时候，也是教师变换授课方式的时候。学生对教师一成不变的“3P式教学”（展示 Presentation，练习 Practice，表达 Production）早晚会感到厌倦，结果就是注意力涣散。教师可适当使用任务型教学法，让学生结成小组，共同用汉语完成一项任务。任务的挑战性和刺激性、活动方式的自由性和灵活性会将学生们重新吸引到课堂中来。

> 任务型教学法（Task-based Language Teaching）是指教师通过引导语言学习者在课堂上完成任务来进行的教学。这是20世纪80年代兴起的一种语言教学方法，它强调“在做中学”（learning by doing），是交际教学法的发展，也是当前被普遍认同的外语教学方法之一。

14. 一名合格的国际中文教师应具备哪些能力？

编者信箱

我原来是一名中学英语教师，现在正在接受

国际中文教师的集中培训。我想知道如何才能实现向国际中文教师的快速转型。

一名合格的国际中文教师，应主要具备以下三方面的能力：

一、汉语本体知识。教师首先要做好与汉语教学相关的知识储备，要学习语言学、现代汉语等基础课程，全面掌握汉语语音、汉字、词汇、语法等本体知识。

二、语言技能训练方法。教师要了解汉语作为第二语言教学的性质和特点，掌握听、说、读、写四项语言技能训练的基本方法，并能够结合教材、教学大纲、教学对象等实际情况对这些训练方法进行有效的取舍和改进，加以巧妙运用。

三、课堂掌控技巧。教师对课堂的掌控技巧也是教学成败的关键。课堂掌控技巧可以通过以下几个渠道获得：

首先，从与其他教师的交流中获得。从事多年国际中文教学的教师有课堂管理和调动气氛的丰富经验，在起步阶段向他们虚心请教是尽快提高自己教学水平的捷径。

其次，从书本中获得。先领悟书本中的技巧，然后在实践中不断地检验、摸索，最终才能有效地将其应用在课堂教学中。

最后，从课堂教学的实践中获得。课堂掌控技巧的运用往往体现了教师自身的性格特点和专业特长。适合某些教师的方法不一定适合其他教师，更何况每位教师面对的教学对象不同，因此，教师不能简单机械地模仿他人，而是应该灵活变通，努力形成自己的教学风格。

15. 如何做一名有个人魅力的汉语教师？

学生常常会在一起谈论他们的老师：A 老师很注重仪表，虽然她对学生要求很严格，但由于出色的语法教学功底而深受学生喜爱；B 老师的汉字写得不太漂亮，但是他做的PPT非常精彩，说话也特别幽默，他的课也很受欢迎；C 老师……对学生而言，你的魅力在哪儿呢？

这是一个有趣的话题。当一个教师总是很受学生欢迎时，他一定具备某种独特的魅力。比如有亲和力、沟通能力强、有幽默感、专业知识扎实、组织能力强、教学效果好等。

但是，我们都知道“人无完人”，每个人的性格特点和专业背景不同，在教学中必然都会有自己的优势与劣势。有的教师擅长与学生交流沟通，有的擅长组织课堂活动，有的擅长制作多媒体课件等。我们当然希望自己成为一个在各方面都表现出色的教师，但这需要一个长期学习和提升的过程，很难在短时间内实现。塑造个人魅力要注意以下两个方面：

一、学会“扬长避短”。教师要充分发挥自己的优势，让学生体会到你独特的教学风格，意识到你不可取代的价值，这是成功的第一步。上文“思考问题”中所举的两位教师的例子就很有代表性。

二、学会“取长补短”。对最佳教学效果的追求是无止境的，是一个长期修炼、日臻成熟的过程，所以教师要永远保持谦虚的态度，注意听取学生的心声，在自己感到欠缺的方面虚心向其他教师学习，再结合自己的实践做出改进，同时注意不要因模仿他人而失去自己的风格。在这个不断打磨和提升的过程中，你既能享受到汉语教学的乐趣，同时也会在不知不觉中成长为一名深受学生欢迎、充满个人魅力的教师。

16. 国际中文教师应该如何理解并建立跨文化交际意识？

读者信箱

我是一名从其他专业跨考到汉语国际专业的硕士研究生，计划明年参加外派国际中文教师志愿者选拔考试。一直听说国际中文教师要有较强的跨文化交际意识，想知道这究竟指什么？这种意识该如何去建立？

所谓“跨文化交际”，来自“Intercultural Communication”即指“具有不同背景的人们之间的交际”。国际中文教学本质上是跨文化的交际行为，是不同文化背景的人们之间的双向互动。“跨文化交际能力是一种综合能力，包含以下四个要素：（1）知识（knowledge）；（2）技能（skill）；（3）态度（attitude）；（4）意识（awareness）。其中跨文化交际意识是核心要素。”针对教学而言，跨文化交际意识是指：教师要以积极、包容、开放的态度去学习学生所在国的文化；掌握对方的文化背景知识及教学特点；对交际双方行为和观点的差异性保持敏感的意识。

目前有相当一部分老师存在着跨文化交际意识薄弱及交际策略欠缺的问题。如果我们总以“自我”为中心进行文化教学，就无法实现预期目标。培养跨文化交际意识需要教师多学习多观察多思考，尽可能“身临其境”去体会，对中国与教学对象所在国的文化差异、可能产生的文化休克及交际障碍做到心中有数。确立起较好的跨文化交际意识后，在教学中采用适合的跨文化交际策略，即：通过对比分析确立文化教学的要点及难点；运用切实可行的语言交际策略；采取易于为对方接受的文化教学方法。

17. 国际中文教师的课堂教学语言应具备哪些特点？

编者心语

在相关部门组织的外派汉语教师和志愿者的面试中，我们经常看到这样一些老师，他们的语速相当快，用来解释词语的语言比被解释的词还难，结果导致学生越听越糊涂，从而对汉语产生畏难心理。那么，我们在课堂教学语言上应该注意哪些问题呢？

国际中文教学对教师课堂教学语言的要求很高，概括起来有以下几点：

一、普通话要标准，发音要清晰。教师在备课时要熟读生词和课文，把握好每个字的正确发音。另外声音大小要适中，要让学生感到优美悦耳。

二、教师要学会根据教学情况，特别是学生的水平随时调整语速。在学生水平较低的汉语初级班，教师在进行语言操练时，语速可以先慢后快，同时让学生模拟练习。教师要有计划有步骤地使课堂语言逐渐接近口语的真实语速。

三、教师在组织教学语言时，要时时注意化繁为简。比如，在讲解一个词语时，用来解释该词语的语言一定要比被解释的词语更容易，以便于学生理解和吸收。

四、教师的课堂语言要科学、规范。当用一个汉语词解释另一个汉语词的时候，一定要事先比较它们之间的异同，如在语用色彩、语体差异、语义内涵、句法组合关系等方面的具体差别，不能只简单、粗略地将近义词互相替换解释，这样会造成学生的误解和误用。

五、教师跟学生交流时，要尽量使用学过的词语、句型等，因为已学知识的复现率越高，学生掌握得就越牢固。

六、教师要学会利用体态语、教具等其

他手段来辅助语言表达，如手势语、图片、实物、多媒体等，使语言讲解更为准确、生动。

18. 如何发现教学中的问题？

读者信箱

我和S老师是同一年参加工作的。几年过去了，她的教学水平似乎提高得很快，最近她的课还被评为优秀示范课。我感觉我们的起点差不多，但我的进步却不大，问题出在哪儿呢？

教师在教学过程中应时时反省自己，不断总结经验和教训，才能取得较快的进步。所谓“教学相长”，是指“教”与“学”互相促进。“教”推动“学”是显而易见的，“学”又如何能促进“教”呢？这主要体现在教师通过学生的学习状况、学习效果等对自己的教学进行反省和改进。教学情况评估的主要方法有：

一、通过学生的课堂问答练习、语言实践任务、作业、考试等情况来检验。这不仅能够发现学生在语言知识和言语技能等方面存在的问题，同时也可以发现教师在某些教学环节上的欠缺。

二、将授课的过程拍摄下来，进行反复推敲。这可以全面考察教师的仪表、姿态、语言、板书以及学生的活动情况、情绪状态、参与意识、注意力等。

三、请经验丰富的老教师来给自己评课。虚心听取老教师的意见有助于尽快发现自己习而不察的问题。

四、询问学生对课堂的意见和建议。尤其对于刚刚开始的新课，教师一定要在第一堂课结束时用刚教过的简单的课堂用语问问学生：“老师讲得快不快？”“你们明白吗？”“我们的课怎么样？”通过这些问题一方面了解学生的听课情况，另一方面也可以借此机会和学生亲切地沟通，建立良好的师生关系。

五、每个学期定期做学生问卷调查。调查内容既要包含教学环节，也要包含学生的学习效果、学习心理和改进意见等。

19. 万一被学生问住了，应该如何化解尴尬？

思考问题

在课堂上，你的学生是否问过这样的问题——“帮”和“帮忙”有什么不同？“我在北京待了三年了”这个句子里为什么有两个“了”？故宫为什么叫“紫禁城”？如果你突然被这样的问题难住了，你会如何应对呢？

国际中文教学属于第二语言教学，不同于对中国学生教授汉语的母语教学。外国人所感受到的学习障碍和提出的问题有时是母语为汉语的教师无法预料的，而且有时教师需要面对来自世界各地的学生，他们的母语不同，文化背景不同，学习难点也不同。所以无论是教学经验丰富的教师还是新手教师，都有可能在课堂上遇到一些突如其来、五花八门、难以解答的问题。这些问题可能是发音方法、中外语法比较、词语辨析等汉语本体知识的问题，也可能是文化、习俗、地理、社会等其他问题。当面对自己不能马上回答的问题时，新教师往往会很紧张，不知如何应答，课堂上就有可能出现冷场的尴尬局面。如果教师在短时间内无法给出答案，有两种办法可以帮助你化解尴尬：

一、坦诚地告诉学生：“这个问题老师没有想好，等我回去查一些资料，研究一下，下次课再解答。”此时千万不可牵强附会地作答，不太准确又不很充分的回答会引发学生一系列的深入提问而使教师陷入更尴尬的境地。面对学生提出的各种问题，教师都应坦诚面对、仔细研究、认真解答。教师的坦诚和严谨都会被学生看在眼里，从而对教师更添一份敬意。

二、可将某个学生提出的问题再提给其他学生，请大家一起思考。有时来自同一个国家的学生可以互相帮助解答问题，因为相同的母语和文化背景会使他们彼此间更容易互相理解，而且有些汉语水平较高的学生可能对这个问题已经做了深入的思考，即使他的答案可能不完全正确，但是思考的角度和解答方法将会给教师很多启发。在其他学生发言讨论的时候，教师就会争取到宝贵的时间，从而想出应对方法。

比如，一位老教师在讲课时突然忘记了某个字的正确写法，他就向全班学生提问："谁能在黑板上写出这个字？"一个学生站起来，迅速地在黑板上写出了这个字，及时帮他"转危为安"。这个方法真是很巧妙。试想我们谁能保证在教学中不会出现诸如写不出字这样的尴尬场面呢？

20. 传统文化才艺对汉语教学有什么辅助作用？

编者心语

有一位在海外教过汉语的教师曾讲过这样一个例子：一个华裔孩子对学习汉语很抵触，老师就用筷子表演了一个小魔术，然后说："如果你能用中文说出房间里物品的名称，我就用解密魔术作为奖励。"这个孩子学汉语的兴趣由此就被激发出来了。

这个例子说明了什么？说明了在海外的中小学校教授汉语时，中国传统文化才艺会成为教学的好"帮手"。对于这一点，在国内教成人留学生的教师可能体会不深，因为大多数来华留学生的学习目的是快速提高汉语水平。

相比之下，海外中小学汉语课堂中文化教学的比重很大。在许多西方国家，语言、文化、游戏是少儿汉语课堂并行的三条主线。只传授汉语言知识是无法吸引孩子们的注意力的。很多中小学生选修汉语课的目的之一就是了解中国和中国文化。在这种情况下，教师对中国文化的理解以及是否掌握一些传统才艺技能就显得非常重要了。教学中常用的才艺技能有打太极拳、踢毽子、唱儿歌、做剪纸、做中国结、包饺子、做灯笼等。

汉语教师虽不必对各种文化才艺样样精通，但是如果能结合自己的兴趣和爱好掌握若干技能，对教授汉语、传播中国文化还是大有帮助的。根据自身兴趣和教学需要学习才艺，如果没有条件，教师可多收集一些相关书籍、视频资料、网络资源等，为教学做好准备。

21. 如何在听力课教学中更好地发挥教师的作用？

编者信箱

我在国内一所高校教留学生汉语。我最怕上听力课。不管我怎么努力，总有学生抱怨听力课枯燥，甚至认为听力课是可有可无的。学生认为，在听力课上，老师也就是放录音、对答案，自己在家听录音机也是一样。请问，教师在听力课中到底扮演着什么角色呢？

如果教师只是照本宣科地播放录音、给出答案，那么这样的听力课似乎真是可有可无。如果想加强听力课的教学效果，让学生充分感受到听力课的价值，教师可以尝试在以下六个方面做出改进：

一、努力寻找真实、新鲜、有趣的听力材料。听力素材应该内容丰富，让学生有求知的欲望。目前的听力教材有相当一部分比较枯燥，听力训练偏重应对语言考试，容易让人感到乏味。教师可以通过各种渠道收集到更为真实、生动的语料，将其进行编辑整理后用于自己的课堂。

二、使学生变被动接受为主动参与。热情与好奇心是人类探寻新事物的原动力。“听录音—做题—核对答案”的传统学习流程过于被动，学生只有积极参与到听力训练的过程中，才能对听力课产生热情。为了使学生变被动为主动，教师可以预先设定一些问题让学生思考，然后播放录音，看看学生听懂了多少，然后再以提问、讨论、对话、表演等方式来检测听力效果。

三、想办法使学生动起来。除了完成课本中的听力题外，为了活跃课堂气氛，教师应在听力课上组织一些活动，让学生能离开座位动起来。本书的“课堂活动设计”部分也介绍了一些与听力训练有关的活动，教师可以有选择地使用。

四、把握循序渐进的教学原则。根据“i+1”理论，如果听力的内容低于“i”，学生会停步不前；如果超过“i”很多，学生又会感到过于困难。因此，教师在词汇、语法点的复现等方面应给予充分考虑，确保听力材料既能帮助学生复习以前所学的知识，又能使其有新的收获。

五、采取多元化的教学策略。听说读写四项技能不是孤立发展的，在听力课上要尽量做到听与说、听与读、听与写、听与做这些训练手段的有机结合，才能避免枯燥、乏味，收到最佳的教学效果。

六、采用多种辅助手段。听力课中教师可以借助多媒体设备，用图片、动画、视频、音乐等多种形式来辅助教学。

> “i+1”理论：美国心理语言学家斯蒂芬·克拉申指出，教授第二语言的一个好办法是给学生“i+1”式的输入，“i”是指学生现有的水平，“1”是指在现有语言水平上再略高一步地输入。

22. 如何管理课堂纪律？

编者信箱

我是一名年轻的汉语志愿者教师，下个月就要出发去欧洲教汉语了。我听说在海外中小学的汉语课堂上，学生很吵闹，纪律很难控制，我担心自己无法驾驭这样的课堂。我该怎么办？

课堂纪律的问题一般在汉语非母语的中小学生的汉语课堂上比较多见，因为青少年活泼好动，对汉语学习抱有好奇心，但学习目的不很明确，学习愿望也不强烈。针对这些学生，一要以有趣的课堂活动和有特色的文化活动来吸引学生的注意力，二要帮助学生培养良好的学习习惯。

汉语课堂纪律的建立是从第一堂课开始的。在开始讲课以前，教师可以让学生谈谈自己理想中的汉语课是什么样子，谈谈自己应该在汉语课上怎么做等问题。这种交流有助于师生之间的相互了解，以后的教学管理就可以顺畅得多。

此外，教师要让学生一开始就明确知道自己管理纪律的原则和方法，包括违反纪律会受到何种惩处，做得好会得到何种奖励或肯定等，使学生能够进行自我管理和约束。

一位法国汉语老师介绍过这样的经验：每当学生非常吵闹时，她就会一言不发，威严而立，学生发现老师突然不说话了，也会觉得不自在，于是渐渐安静下来……久而久之她的学生就形成了良好的课堂习惯。

很多海外的中小学教师都很强调“恩威并施”。如果为了搞好和学生的关系，教师对学生在起始阶段的不良行为有所纵容，甚至和学生嬉笑打闹，让学生感觉不到师生差异，时间久了，教师在学生中间就会失去应有的尊重和威信，课堂纪律就更难管束了。

23. 如何调动课堂气氛？

编者心语

在多年的汉语教学工作中，我常常反思一个问题：为什么有的教师无论讲什么课都讲得妙趣横生，令学生兴致勃勃；有的教师却总让人感到课堂气氛沉闷，抱怨连连？难道真是因为教师的性格存在着如此大的差异吗？后来发现其实性格并不是决定因素，好的课堂气氛是教师用心营造出来的。

要想收到良好的课堂气氛和最佳的学习效果，教师首先要分析学生学习时的心理状态。这种心理状态可以归结为以下几个方面：求知心理、表达愿望、竞争意识、互助精神、喜欢幽默、自我保护。自我保护指学生常会碍于面子，担心出丑，所以不敢开口说汉语的心理特征。

教师在了解了这一点以后，在准备教案和设计教学活动时如果能充分考虑学生的竞争意识、互助精神和喜欢幽默的特点，自然就会营造出好的课堂气氛；另一方面教师也要保护学生，不让他们的自尊心受伤害，尤其是有的学生本来就有口语表达方面的心理障碍，教师更应该给他们机会大胆地表达自己，使其能和大家融洽相处，在集体中获得足够的安全感和信心。

在掌握了学生的学习心理以后，教师还要采取一些具体可行的办法来调动课堂气氛。常用的方法有：有备无患、察言观色、花样翻新、动静结合、避虚就实、节奏控制、游戏互动、交流讨论、松紧有度、课外沟通。

• 花样翻新

教师要运用多种教学手段来实现教学目标。比如，为了帮助学生记忆汉字，教师可以采用剪字、贴字、拼字、找字、涂色、拆字等多种方法。实践证明，课堂教学的方法讲求一个“变”字。教师如果能够运用各种各样的手段来引导学生学习，不仅能活跃课堂气氛，也能更有效地吸引学生的注意力。这也是决定课堂教学成败的一个重要因素。

• 动静结合

好的汉语课堂应该是动静结合、富于变化的。当学生长时间安静，失去注意力时，教师应组织一个课堂活动，让大家都能参与其中，使课堂气氛活跃起来。当场面过于喧闹时，教师需要及时调整教学方案，安排一些单人活动或写作活动，如“用所给词语描写一个同学的样子”等，使学生迅速安静下来。

• 避虚就实

一方面是指教师应尽量结合学生的实际情况进行问答和讨论；另一方面是指教师应尽可能寻找和创造真实情境来让学生操练所学内容，真正做到学以致用。

• 节奏控制

教师在备课和授课时要准确把握每个教学环节的时间，该快时快，该慢时慢，到下课时不可拖堂。

• 课外沟通

课堂以外的交流可以增进师生之间的了解与情谊，有益于活跃课堂气氛，对课堂教学有极大的推动作用。

24. 课堂教学中有哪些有效的奖惩办法？

编者心语

很多留学生都会抱怨说：“在课堂活动中如果我们做错了，老师总是让我们唱歌，我不太会唱歌，所以真的很怕上汉语课。”那么，除了唱歌以外，汉语课堂上还有哪些奖惩的办法呢？

遇到这样的情况真让人感到遗憾。任何一位教师在教学中都会花费很多心思，却可能因为一个看似微不足道的疏忽而遭到学生的抵触。在课堂教学中，师生之间是互动的。学生在努力表现的同时非常期待教师的及时反馈。这种反馈是多层次的，常见的形式有两种：一是语言上的鼓励和批评，二是一些具体的奖惩措施。

鼓励和批评常是以口头和书面的方式进行的，当然要以鼓励为主。口头表扬也不只是说“很好”那么简单，学生常期待在某一个具体方面得到肯定，如“这个词用得很好”“声调不错”“作文写得很有趣”等。总体来说，表扬的方式比表扬的次数更重要，针对学生具体行为的表扬更有效，针对良好表现所给予的真诚表扬更有效。

一位汉语教师根据一位叫 William 的学生的课堂表现，记录并分析了无效的表扬和有效的表扬。

做了一个出色的报告 无效表扬：“William 的报告真不错！” 有效表扬：“声调很好听，语法都正确！”
家庭作业做得不错 无效表扬：“文章很好！” 有效表扬：“这句话/这个词用得好！” “用了我们刚刚学的很多词，好习惯！”
在课堂活动中完成了某个任务 无效表扬：“不错！” 有效表扬：一边说“好！”一边竖起拇指。

如果学生在一段时间内学习退步，教师可以通过发邮件、写纸条等方式与学生进行书面沟通。批评也应该有的放矢、就事论事，指出错误时应观点明确、态度庄重，让学生在接受批评时也能感受到来自教师的关心。

除口头鼓励或批评以外，建立有趣又有效的奖惩机制也有助于营造良好的学习氛围。常用的奖惩方式列表如下：

奖	获得小礼物 分数奖励 获得提问他人的机会 有权执行游戏活动中的某个指令 获得某种荣誉称号，如“周冠军”等
惩	唱一首歌 讲一个小笑话 表演一个小节目
惩	做一件好事，如帮老师擦黑板等 完成额外的作业 分角色背诵或朗读一段课文

奖惩方式是对课堂教学气氛的有效调节，但需要注意的是，任何奖惩方式都只能是一种“温柔的刺激”。教师必须事先充分考虑每个学生的心理承受力，以免结果适得其反。奖惩机制的建立需要一个过程，教师经过与全班学生的相处和磨合，奖惩机制会越来越成熟，其活跃课堂气氛的效力也会最终显现出来。

此外，再好用的方法也不能一成不变，缺乏创意和变化的奖惩方式会让学生很快对此失去兴趣。特别是“惩罚”的方式，对学生来说，应该是可选的。以本篇“编者心语”中学生的抱怨为例，教师可以丰富“惩罚”方式，如提前准备一些问题小纸条，让不喜欢唱歌的学生抽纸条回答问题或读绕口令等。

25. 如何设计课堂活动？

你在教学中是否经常组织课堂活动？你喜欢下面哪类课堂活动？

A. 对话表演　　B. 语言实践

C. 游戏　　D. 知识竞赛

课堂活动是课堂教学中一个极为重要的组成部分，是在特定的交际情境或游戏中让学生综合运用所学知识去完成一个任务，从而达到掌握语言的目的。以课堂活动引导的课堂教学强调“以学生为中心”，强调学生的自觉参与，是调动学生积极性的重要途径。课堂活动通常用于操练语音、汉字生词和句型等语言要素的教学环节，也可出现在导入和复习环节。

设计课堂活动时教师要注意把握以下原则：

一、课堂活动不应千篇一律，要花样翻新。为了设计实用而有趣的课堂活动，教师需要在备课过程中参考很多资料，包括对其他语言教学中的课堂活动模式、网络游戏等进行借鉴和改编，充实到自己的课堂中来。

二、课堂活动的安排一定要有质有量，时间上要有所控制。教师可以在一堂课进行一两个活动，活动数量不宜过多，时间不宜过长。但是对于重要的学习内容，教师可以多准备几个活动，以备不时之需。

三、课堂活动一定要与语言知识的教学紧密结合。我们都有过学习外语的经历。有的外教一开始就让大家就一个话题漫无目的地自由讨论，看起来好像是任务式的活动，课堂似乎也很活跃，但是一节课下来，学生的脑子里很混乱，对关于这个话题所必须掌握的语言知识并不清楚，教师也没有系统地进行讲解、操练和纠错，这样的活动是无效的课堂活动，也是教师要极力避免的。

四、活动一定要有较强的互动性、趣味性与实效性。实效性是指该活动可以成功地帮助学生实现从语言知识向言语技能的转化。

设计课堂活动还有一些禁忌，如活动程序过于复杂、只玩不学、不能保证学生参与的公平性、可操作性不强、道具准备复杂、解释语言烦琐。

比如本书第70页的“蒙眼指路”游戏，学生们一般都会非常喜欢。为什么？因为它具备了这样几个特点：一是道具准备起来很简单，只需制作一些简单的卡片；二是活动规则简单，易于操作；三是学生有均等的参与机会，如果学生人数不多（20人以内），就可以一起参加，如果人数多，可以分成几组进行；四是对复习和检查学习效果非常有帮助，卡片上写拼音、汉字、词语和句子都可以；五是互动性和趣味性很强，学生玩的时候都非常兴奋。

26. 如何使全班学生都能积极地参与课堂活动？

编者信箱

我是一名年轻的国际中文教师。我性格活泼，特别喜欢组织课堂活动，但是我发现有的学生对活动表现出不感兴趣的样子，或在行动上不积极配合，这令我很有挫败感。请问有什么好办法吗？

当教师精心设计或准备了一个课堂活动时，大部分学生是会积极响应的，但也有个别学生表现出不想参加的样子。这时教师应该怎么办呢？

首先，不要勉强学生参加。活动开始的时候可以采取自愿报名的方式，请一部分学生参加，其他同学旁观，然后再进行轮换。旁观的学生看见第一批学生很开心地参与活动，可能会改变想法，加入进来。

其次，要准备好活动的备选方案。一旦发现大多数学生对某个活动都不感兴趣，教师应随时更换和调整方案。

此外，教师应该与学生进行有效的沟通，共同设计课堂活动。学生是课堂的主体，他们对于如何学习、如何开展课堂活动有很多独特的想法，教师不妨多倾听他们的意见。尤其对于那些总是不愿参加活动的学生，了解他们真实的想法非常有必要。同时教师要向学生解释这些活动对语言学习的作用，鼓励他们积极地参与。

27. 如何有效地组织课堂活动？

编者心语

前不久，我带着国际中文教育专业的中国学生去一个日本学生的初级班开展教学实践活动。我帮中国学生设计了两个课堂活动，让他们上课时组织日本学生来做。可是我发现他们因为完全没有教学经验而显得力不从心，不停地用眼神向我求救。那么，在外国学生汉语水平比较低的情况下，如何有效地组织课堂活动呢？

课堂活动包括设计、实验和反馈三个阶段。如果所设计的活动在课堂上无法进行下去，或者效果不佳，这样的活动设计得再好，也只能是“纸上谈兵”。要想有效地组织课堂活动，教师需要注意以下四个方面：

一、尽量通过示范法展示活动规则。有些新手教师习惯用专业术语解释活动内容或游戏规则：“这是部件，这是笔画，这是独体字，你们该如何如何……”初级班的学生完全听不懂解释的语言，导致活动无法进行。事实上，此时最好的方法就是示范法。教师可以请两个汉语较好的学生或由教师亲自演示活动的具体步骤，配以简单的指令说明。

二、要用有效的方式进行分组。课堂活动按参与人数通常可以分为单人、双人、小组和集体等形式，其中双人和小组活动是常用的形式，如果班里的学生人数较多，可以参考的以下四种分组方法：

1. 按座位分组。如果活动比较简单，教师可以根据座位情况分组，就近就便。不过，有时教师也可以打破常规，如安排第一排的两名学生和最后一排的三名学生组成一组，或者坐在每一排最左边的学生结成一组等。这种分组方式会使学生觉得新鲜有趣，同时也训练了听力。

2. 游戏式分组。如数“3”游戏：逢“3”和“3”的倍数的学生可以组成一组，其他数字及其倍数结成另外的组。再如“找部件组字”游戏：将汉字的部件拆分开来，发给每个学生一张部件卡片，能够组合拼成字的学生组成一组。

3. 由教师分组。如果活动比较复杂，教师就要有意识地安排分组，分组时要考虑以下因素：

(1) 学生的性格特点——活泼的和内向的可以互补。

(2) 学生的汉语水平——水平高的和低的可以互助，擅长说的和擅长写的可以互助。

(3) 性别比例——男女搭配更易于调节气氛。

(4) 人际关系——关系较近的学生更适合在一起。

4. 自愿式分组。教师给学生自由选择的权力会使学生产生极高的参与热情，同时也会感到很放松。比如，在表演等类型的活动中教师可以让学生自由选择伙伴结成小组，由组员选出一位组长，组长负责安排好每个组员的角色；各组可以给本组起一个有趣的组名。

需要注意的是，分组后，教师最好明确规定小组内每个成员的任务和责任。教师的角色不应是在讲台前边安静地等待，而是要轮流去各组倾听，及时发现问题，并进行纠正和总结。教师也可以适当参与活动，这样会使学生集中注意力，增强学习动力。

28. 在组织课堂教学的过程中教师有哪些常见的偏差？

编者心语

在听观摩课时，我常看到有些新手教师使足了劲儿，很热情也很累，但不是没有实现语言教学目标，就是没有做到很好的互动。学生感到在课堂上收获不大，觉得汉语课很无聊。这到底是哪里出了问题呢？

汉语课堂教学的一般过程是“导入—学习—操练—总结—布置作业”。在这个过程中，教师怎么教就是“八仙过海，各显其能”了。教学中的一些小问题对于那些没有掌握汉语教学规律的教师就变成了大问题。“失之毫厘，谬以千里”，在汉语课堂教学中，一些偏差会使整体的教学效果大打折扣，需要引起教师的重视。常见的偏差有两种：

偏差一：教师一个人动，学生不动。

比如，在讲“作息时间”这一话题时，很多教师仅采用“师问生答”的方式，如问“你几点上课？”“你几点起床？”等，学生被动应答。如果教师整堂课都使用这种方式进行操练，学生就会逐渐感到疲劳，结果导致教师一人口干舌燥，学生的开口率却很低。

以上做法违背了汉语教学中的一个基本原则，即“以学生为主体，充分发挥学生的主动性”。教师不能剥夺学生的话语权和活动权。比如，针对“作息时间”这个话题，可供选择的方法有很多：（1）学生到教室前介绍自己的作息时间；（2）学生之间进行问答交流；（3）采取“生问师答”的方式；（4）以小组为单位，进行“小调查”活动；（5）学生到黑板前用彩贴贴出自己在某个时间的活动并讲解；（6）学生制作幻灯片展示自己的日常生活；（7）教师在课堂中穿插一些小游戏等。总之，教师要想尽一切办法让课堂“活”起来，让学生“动”起来。

偏差二：课堂气氛活跃，语言教学目标却没有实现。

比如，一位教师讲“天热了”这个句型，她用了许多精美的幻灯片进行展示，让学生跟读并模仿造句，但始终没讲“了”在句中的意思。学生不明白“天热了”和“天很热”有什么区别，虽然他们在课堂上好像也会模仿造句，但离开课堂后还是糊里糊涂的。

某些看似气氛活跃的课堂其实并未真正帮助学生掌握汉语知识，更谈不上培养学生的汉语交际能力。因此，教师在教学中既不能过于死板，也不能过于追求表面上的热闹。“寓教于乐”，“教”是根本，“乐”是方式，这两个方面都是不能忽略的。

29. 在课堂上，教师如何与学生进行情感交流？

思考问题

1. 你和学生的关系如何?他们是否愿意在你的课堂上畅所欲言?

2. 在课堂教学中，你是否曾有过一次和学生非常难忘的交流体验?

课堂教学的过程也是师生情感交流的过程。如果从开始到结束，教师只是照本宣科地进行教学，和学生没有任何交流，那一定是一堂非常枯燥的汉语课。可能有人认为，如果总是聊天，会影响教学进度。实际上，教学和交流之间的关系很微妙，处理得好，收放有度，就可以互相促进。语言是人类交际的工具，语言教学的目的是交际，所以在课堂上使用所学语言进行交流是学生实践的好机会。

比如在讲某个词语时，教师可以多用该词与学生交流。以“喜欢”为例，教师可问：“你喜欢汉语吗？”“你喜欢中国吗？”“你喜欢吃中国菜吗？”在学生回答的过程中，也要多问学生几个为什么、怎么样。这样可以引导学生多多开口，将谈话深入下去。

在讲解课文时，教师也要与学生有互动交流，如借助课文中某一文化或社会现象，有时可以甚至只利用一个句子进行扩展式讨论，这样既能够操练所学的词语和句型，也可以缓解学生在学习过程中的疲劳。

在做课后练习或上听力课时，学生常常会感到沉闷，此时切记不要只是采取让学生说答案、教师再给出标准答案的做法，可以将练习中的很多句子作为一个个小话题适当展开讨论，使课堂气氛重新活跃起来。这些看似随意、轻松的谈话其实是需要教师抓住机会、巧妙安排的。

30. 如何给学生纠错?

思考问题

在课堂上学生说的汉语有错误，你会怎么办?

A. 立即纠正　　B. 课后纠正

C. 统一纠正　　D. 小问题不纠正

关于纠错，教师应遵循以下三项原则：

一、避免两种极端做法。

1. 一味纠错。有些教师认为强化刺激是语言教学中最重要的训练手段，所以对任何错误都穷追不舍，让学生一直重复，有的教师甚至态度很严厉。这样做的结果是学生可能记住了语言，却失了面子，对当众说汉语产生恐惧和厌烦心理，最终导致“越纠越错”。在坚持纠错和保护学生说汉语的热情这两者之间如何取舍，您一定有自己的选择。

2. 基本不纠错。有些教师为了保持活跃的课堂气氛，基本上不纠错，任学生自由表达，这种做法当然也不可取。

二、选择合适的纠错时机。

1. 在学生进行单句表达时，如造句、组词成句等练习，此时学生正处在建构正确语言模式的关键时期，教师必须认真纠错，排除母语的“负迁移”干扰，使学生牢固掌握汉语规则。

2. 在学生进行成段表达时，如果出现非关键性的小错误，不影响整体表达效果，教师就不必纠错。但是如果错误属于教学重难点的范围，有误用、误解等情况，或者引发了表达中断等交际性问题，教师就必须立刻纠正错误，辅助学生进行正确表达。

三、掌握一些具体的纠错技巧。

1. 当错误发生时，教师要随时记下那些具有普遍性特征的错误要点，随后可选择以下方式纠错：（1）辅助、引导学生自己逐渐转向正确表达；（2）明确指出其错误；（3）让学生重复跟读词语、句子。在下一次上课时，教师应以提问或归纳的形式针对易出错的地方进行复现和复习。在学期末的时候，教师可让学生把出过错的句子或词语重新抄写、整理一遍，以帮助学生加深印象。

2. 开展学生之间的互动式纠错。学生之间互相纠错可以调动学生的参与意识，同时通过对错误的讨论，双方都会加深印象。

3. 充分利用板书对错误进行归纳总结。教师在授课时可以一边纠正一边在黑板上的某个位置记录下重要的错误信息，最后带领全班学生再重温一次，以便加深记忆。

4. 注意纠错和课型的关联。比如，口语课上的纠错通常是即时的、口头的；而写作课和语法课则要采取批改点评等书面方式来纠错。

31. 课外沟通和课堂教学如何才能有机结合?

思考问题

Z老师在课外从不和学生一起活动，她认为不能让学生感到自己太随便，应把精力都用在课堂上。L老师则在课堂之外花了很多时间和学生联系，对学生的要求有求必应，不过他为此感到很疲惫。你认为应该怎么做才好呢?

一位受学生欢迎的教师一定是学生的良师益友，他与学生的沟通不会只局限于课堂上短短的几十分钟。课外活动有助于了解学生的特点，增进师生的感情。那么，在课外的沟通教师要注意些什么呢？

一、适量。学期伊始，教师就应该制订计划，规划好本学期将组织全班学生进行几次课外活动。这种活动可以是文化体验，如一起吃中餐、包饺子等；可以是体育运动，如打乒乓球等；也可以是娱乐活动，如唱中文歌、在教室里举办小聚会、到野外郊游等。教师和学生的交往不要过于频繁，以免影响双方的正常生活；但也不能过少，给学生一种冷傲的印象，使学生产生距离感。

二、适度。在课外活动中哪些隐私话题能谈，哪些不适合教师身份的事情不能做，对此教师都应有所考虑和准备。

三、课外活动与课堂教学相结合。对于在课堂教学中学过的词语和句型，教师应鼓励学生在课外活动中使用，如设计“指物说词”“做动作猜词”“用所学词语和句型描写自然风景”等活动，并对表现好的学生予以奖励。

32. 判断一堂汉语课是否成功的标准是什么？

编者信箱

学校让我下个星期去听一位新老师的汉语课并做出点评，我想知道判断一堂汉语课是否成功的标准是什么。

教师上一堂汉语课就像艺术家在亲手加工一件艺术品，对授课和加工艺术品来说，同样都是“细节决定成败”，每一个环节的设计都应力求完美，而且各个部分之间更要统筹搭配。我们判断一堂汉语课成功与否，也是要像观赏一件艺术品一样，从宏观到微观，从整体到局部，从方法到效果，要做全方位、多层次的考察。教学总体设计、时间安排、教学内容、教学方法、板书形式、课堂活动、操练模式、现场互动、布置作业、复习检查这些环节都是微观层面的评估内容。从宏观角度讲，各个教学步骤之间是否环环相扣？整体上的教学效果如何？学生的课堂表现和反馈如何？学生的交际能力有无提高？和其他课的内容是否能有效衔接？这些问题都是判断一堂课是否成功的重要指标。

一堂课是否成功是可以依据一些具体指标来衡量和判断的。教师在听观摩课时可以制作一份“课堂教学观摩表”，评估指标参见下文。

课堂教学评估指标

一、总体设计

1. 教师是否有充分的准备？

2. 教学目标、重点和难点是否明确？

3. 进度是否合适？

4. 时间安排是否合理？

5. 各教学环节划分得是否清楚？

6. 各教学步骤之间的关联性如何？

7. 是否合理使用了多媒体等教学辅助手段？

8. 课堂教学组织是否井然有序？

9. 总体教学效果如何？

二、导入

1. 用何种方式复习旧课？

2. 用何种方式导入新课？

三、讲解

1. 教师的语言是否清楚？语速是否合适？

2. 讲解时是否抓住了问题的关键？讲解是否准确？

3. 板书是否规范？

4. 用了几种教学方法？以哪种为主？

5. 讲解时和学生是否有互动交流？

四、操练

1. 是否用有趣又有效的课堂活动来操练语言点？

2. 操练的形式有几种？

3. 学生有无公平的表达机会？

4. 在纠错时教师是否很有耐心？是否讲究策略？

5. 学生的参与热情如何？

五、复习（总结）

1. 教师以何种方法总结本课的内容？

2. 复习的具体方法是什么？

六、作业

1. 作业是否体现了本课的重点和难点？

2. 作业的量是否合适？

3. 作业的形式是否新颖有趣？

33. 新课开始时，有哪些好的导入方法？

编者心语

“导入”是一个看似不起眼但实际上非常重要的教学环节。如果导入得好，教师就会一下子抓住学生的注意力；如果导入得不好，学生就会失去注意力。你一般是如何导入新课的呢？

导入是一堂汉语课的第一部分，教师通常会在导入环节实现由复习旧课到讲解新课的过渡。需要强调的是，导入和其他教学环节一样也应该花样翻新，一成不变的方法会使学生感到厌倦。导入的方法有很多，下面简要介绍几种：

一、展示词语。利用图片、多媒体、实物等展示旧课或新课的词语。

二、轻松聊天。用所学的词语让学生谈谈学习与生活等。

三、游戏活动。用游戏的方式复习旧词语，引入新词语。（参见本书“教学活动设计”的“词语”部分）

四、成段表达。设计话题，模拟情境，让学生结成小组，在新、旧两课中找到合适的词共同编排一段对话（或短文）并表演。

五、模拟表演。教师或学生按照新、旧课文的情境进行模拟表演。

六、做练习。教师在幻灯片上设计出练习题，以测试的形式让学生完成，以此检查学生的学习效果或预习情况。

七、教师提问。结合学生的实际情况提问题，让学生用旧课所学的词语回答，随后自然地引出新课中的问题。

八、学生提问。请学生找出复习或预习中遇到的问题，向教师提问，教师在认真回答后开始讲授新课。

九、学生总结。学生自由发言，总结上一节课学习了哪些重点内容，本课将要学习什么，最后教师做出归纳和点评。

注意，导入部分要紧密衔接旧课与新课，切忌拖沓冗长、偏离正题。

34. 语音教学有哪些好方法？

编者心语

一个加拿大留学生发汉语声调中的第四声总是发不对。有一天我突然灵机一动，说：“你想象一下你生气时发出的‘哼’的一声，就对了。”他居然一下子就发对了，而且后来也一直记得我这个比喻。目前很多教师总结出了不少语音教学的小窍门，你是否也掌握了一些呢？

在汉语教学中，语音教学是基础，是学生能够使用汉语进行交际的前提。教师首先要掌握基本的语音知识，在教授过程中应以学生的模仿学习为主，然后再通过强化练习帮助学生对难点进行突破。比如对很多外国人来说，舌面音j、q、x和舌尖后音zh、ch、sh、r比较难，对此应该做重点讲解和练习。

语音的学习顺序应该从易到难，以旧带新。比如，教师应先教单韵母ɑ、o、e、i、u、ü，再教由这六个单韵母构成的复韵母等，这样做便于学生记忆。针对语音教学中的一些难点问题，有下面几种方法供大家借鉴：

一、夸张法。汉语中有的音或声调比较难发，为了让学生将音发得准确，教师可以使用夸张法。比如，很多学生在学习三声（音高为214）时发音常不到位，于是就变成了半三声。为此教师可以在黑板上画出三声的音高图，然后用一个包含声母、韵头、韵腹和韵尾的音来示范，如“bian”，告诉学生将“b”“i”“an”三个音分别发在2、1、4的三个高度上，尤其是在“an”这个音上一定要强化，要求学生夸张地将其发到正确的高度。这种分解和拖长音的方法虽然有些夸张，但却可以让学生体会到三声的长度和高度，对改善其发音很有帮助。

二、带音法。对某些发音部位相同的音可以使用这个方法。比如，有的学生发不好“r”这个音，教师就可以用发音部位相同的“sh”来带，即先让学生发“sh”的音，然后延长，同时震动声带，就可以发出“r”音了。带音法还适用于比较难掌握的声调，如“二声+四声”可帮助练习四声，“四声+二声”可以辅助二声的发音。

三、模拟法。这是一种简单易行的方法。如很多学生在起始阶段常常把握不好四声和二声，这时就可以告诉学生四声好像一个人生气时发出“哼！”的声音，二声好像一个人表示疑问的声音“嗯？”一声好像火车发出的汽笛声“呜……”这样给学生一个形象的参照，学生就会很快掌握汉语的语音和声调了。

四、归纳法。比如在讲“一、不”的变调时，教师可以先给出例子，然后总结规律，进行归纳，以帮助学生尽快掌握。

除了上面介绍的四种方法以外，教师还可利用汉语语音口型图、舌位图以及多媒体课件等手段辅助语音教学。

35. 汉字练习的技巧有哪些？

思考问题

1. 你的学生是哪国人？他们喜欢写汉字吗？

2. 西方学生开始练写汉字时总是感到比较困难，你打算如何帮助他们？

汉字教学的问题在教西方学生时比较突出。很多教师总是让学生抄写或听写，久而久之，学生可能会兴趣全无。这里介绍几种比较有趣的汉字练习的方法：

一、剪字。将一个字写成大大的空心字，然后将事先分解剪好的笔画（纸片或卡片）发给学生，让学生按照正确的笔顺将笔画贴到空心字内。

二、拼字。将汉字部件拆解开来发给学生，让学生将这些部件重新组成字。

三、拆字。将汉字卡片发给学生，让学生拆分汉字部件或笔画，在黑板上写出来。

四、找字。让学生在一组字中找到有相同笔画或部件的字。

五、涂色。学生按照教师的指令将汉字中的某个笔画或部件涂上颜色。

六、贴字。教师将汉字卡片发给学生，然后在黑板上写出拼音或翻译，让学生将字卡贴到相应的位置。

七、补缺字。教师在每个汉字中少写一个或两个笔画，让学生补充完整。

八、找错字。教师故意写错一些汉字，让学生找出来。

九、猜字谜。让学生通过字谜猜汉字。

以上方法灵活而有效，体现了“寓教于乐”的教学理念，既可用于少儿汉字教学，也可在成人的汉字教学中使用。另外，本书的“课堂活动设计”部分提供了一些汉字活动，这些活动在教学实践中被证明是有趣而且有效的。比如，“互助写字”这个活动就非常简单易行，教师不需要教具，就能帮助学生复习所学汉字，强化对汉字笔画、笔顺的记忆，大家不妨试试看。

36. 西方学生总是依赖拼音，不肯学习汉字，怎么办？

编者信箱

由于对汉字有畏难情绪，我的班里学生人数在逐渐减少，我只好尽量用拼音代替汉字；而在另外一个班里，Chris 老师的学生却很喜欢写汉字。两个班的学生情况都差不多，为什么对待汉字的态度有这么大的不同呢？

汉字对西方学生来说好似天书和图画，常常让很多起初热爱中国文化和汉语的学生望而生畏，并最终放弃汉语学习。我们在实地考察了欧美多所中小学的汉语课堂后发现，在汉字教学的起始阶段，为了避免学生学习汉字时产生畏难情绪，教师的常见做法是以音带字。目的在于让学生感到虽然不会写汉字，但一样可以说汉语。这种现象在目前的教学中很普遍，但现实问题是，如果教师不进行合理的引导，时间久了学生就只会认读和说话，而不会写字。听说读写是紧密联系的四项语言技能，如果缺少汉字的根基，一旦离开语言环境，学生的口语能力也很容易退化，因此回避汉字是不可取的。

其实，汉字的构造是有科学理据的，汉字教学也是有章可循的。一般说来，汉字教学要按照“笔画—部件—独体字—合体字”的顺序来进行。形声字占汉字总量的90%，很多声旁和形旁有表音表意的作用，教师要充分利用汉字部件的类推作用。

具体来讲，在汉字教学中我们通常采用的做法包括：

一、在思想上要引导学生克服对汉字的畏难情绪。

二、以象形字引导学生开始理解汉字。

三、以笔画、笔顺、部件作为汉字教学的重点。

四、以有趣的活动作为练习方式。

五、配合书法艺术启发学生，让他们感知汉字的魅力。

经过科学、系统的训练，外国学生一定会渐渐喜欢上并且能够写出越来越多的汉字。

37. 如何讲解生词？

思考问题

想一想，以下对生词的讲解方式为什么不可取？如何改进？

A. 只讲意义不解释用法

B. 将时间平均分配在每个词上

C. 以教师个人讲解为主

D. 讲解词义和用法时不涉及汉字字形

词汇教学是语言教学的重要组成部分。词语是语言的基本单位，每一个词语都是音、形、义、法（句法搭配）的复合体。在面对一篇课文的生词时，教师首先应确定教学重点。教学重点包括：高频词（如“了、吧、呢、吗”等）、多义词（如“打、弄”等）、较难理解的虚词（如“把、被”等）、句法组合能力较强的词语（如“做、看”等）、与翻译词意义不完全对等的词语（如“坏、红茶、帽子”等）、含有文化意义的词语（如“红、狗、四”等）。

对于重点词语，教师要进行系统、深入的剖析。语义复杂的，就侧重语义分析；语法功能难理解的，就侧重语法分析；有的词语对语境有特殊的要求，有特殊的语用含义，那就侧重语用条件的分析；有些词则应该进行综合分析。对于非重点词语，教师无论讲解与否，都要用提问等方式检测学生是否已经掌握。

教师在讲解的过程中需要注意以下几个方面：

一、采用多种教学手段，通过以旧释新、义素分析、利用图片或实物展示、做动作、问答交流、设定情境、展示例句等多种方法使课堂气氛保持活跃的状态。

二、讲练结合。生词教学应该边讲边练，一方面帮助学生记忆，另一方面也可增加课堂互动。在所有词语都讲完后还要及时进行总结和复习。

三、详略得当。教师应在备课时就确定词语教学的重点，要突出重点和难点，不能均摊时间。有的教师就一个生词与学生进行很长时间的问答交流，结果讲到重点词的时候就显得时间紧张，导致教学任务无法按计划完成。

教师在讲解的过程中需要避免以下几个问题：

一、教师“一言堂”。如果是从头讲到尾，就缺少了师生间的交流和互动，学生会产生厌烦的心理。

二、解释语言过难。用于解释的语言要比被解释的词语更容易，以帮助学生尽快理解和掌握。

三、解释语言不准确。有的教师习惯用近义词来解释一个新词，但要注意辨析两个近义词之间的细微差别，否则会造成学生误用。

38. 在高级班综合课教学中，生词太多怎么处理？

编者心语

我以前教留学生高级班综合课的时候发现课文里的生词太多，处理起来总要花很多时间，而且学生也显得不耐烦，后来我想了很多办法来改进，现在教学就顺畅多了。

在有些高级汉语综合课教材中，每课的生词量常多达百个，完成生词教学需要花费大量的时间和精力，教师和学生都感到不堪重负。在高级阶段，词汇教学的重点一般为近义词辨析和难点词语的用法，如果想保证这个阶段词汇教学的顺利进行，就要采取不同于初级阶段的教学思路和教学方法。常用方法包括：

一、将生词根据重要程度区分为精讲、略讲和不讲三种。

1. 精讲的词一般要给出例句，讲解时也不必对音、形、义、法等各个方面逐一详解，而是要有所侧重。为此，教师要事先明确精讲词的难点在哪儿，做到有的放矢。

2. 略讲的词一般是用法简单的词，教师不必给出例句，举一些词语搭配的例子即可。

3. 不讲的部分让学生自学，教师可通过做练习、课堂问答、课堂活动等方式检测学生的学习结果。

二、根据课文将生词分成两三个部分来进行，即讲一段生词再讲一段相关的课文，这样也可避免枯燥和乏味。

三、多发挥学生的主观能动性，让他们尝试用汉语解释汉语。到了高级阶段，学生的汉语水平普遍较高，让学生代替教师讲解词语不仅可以减轻教师的压力，也使学生有机会开口表达，从而更好地复习以前学习过的知识。除了那些需要教师精讲的词语，略讲和不讲的词语都可以这么处理，教师负责引导并纠正。

四、按词性和意义对生词进行归纳总结，便于学生记忆。比如，教师让学生找出本课生词中的全部形容词、语气词、连词等，或者找出具有共同语义特征的词语，如“动作类词”“情绪类词”“褒义词”“贬义词”等。

39. 如何帮助学生扩大词汇量？

编者信箱

听说有经验的教师常常就一个生词的讲解能给学生扩展或复习很多词语，我很想知道他们是如何做到的。

在词汇教学中，教师不应只局限于课本上的词语，而是要用多种方法帮助学生归纳和复习旧词，扩展新词。下面简要介绍五种词语扩展的方法：

一、话题联想法。学生根据某一特定的话题展开相关词语的联想，比如在“春节”这个话题下，可以想到“冬天、鞭炮、红包、饺子、对联、拜年”等词语。

二、语素联想法。语素是最小的构词单位，教师可将生词中构词能力强的语素单独提出来，进行扩展练习比如用语素“子”可以扩展出“瓶子、孩子、杯子、桌子、房子、妻子、面子”等词语。

三、语义联想法。可以分为三小类：

1. 正反语义联想，如“大—小、长—短、多—少”等。

2. 近义词联想，如“保持、维持、坚持”等。

3. 义类聚合联想，比如让学生对同属“颜色”这一义类的词语进行联想，把“红色、黄色、绿色”等颜色词聚合起来。

四、笔画联想法。对于单音节词，教师可列举与其字形相近或有相同部件的旧词，引导学生进行比较和辨别，比如列出有“亻”旁的字，或者区别“甲、由、田、里”等单音词。

五、搭配联想法。可分为两小类：

1. 固定搭配，即利用成语或惯用语等固定格式进行扩展，比如让学生套用格式“……而……”组成“喜极而泣、呼啸而去、应运而生”等短语。

2. 语法搭配，即利用词语在句法层面的搭配组合关系进行扩展练习，如“吃—吃饭（动宾搭配）、风—风大（主谓搭配）、跑—跑得快（动补搭配）、衣服—漂亮的衣服（定中搭配）”等。

40. 如何考查学生学习生词的效果？

思考问题

1. 你经常考查学生学习生词的效果吗？你都采用了何种方法？

2. 你认为学生怎么样才算掌握了生词？

词汇教学是从音、形、义、法、用五个方面来进行的，所以考查词汇教学的效果也要从这五个方面着手。

音和形方面可以通过朗读、听写、改错字、写汉字、拼字成词等方法来检查。

语义方面可以做的练习和活动有很多，如翻译练习、选词填空、猜词游戏、连线、词语替换等。

语法方面的检查可以遵循“词—短语—句子”这一逐级递进的关系来进行，侧重考查学生是否掌握了词语的搭配关系和该词语在句法层面的使用规则。具体方法如词语搭配组合、由词扩展成短语、为词语选择在句中的合适位置、完形填空、造句、回答问题等。

语用方面可以通过结合具体情境的句子或对话来考查，提问学生某词出现在某情境中是否合适，可否用其他词语替换等，引导学生注意词语的语用条件限制。

此外，在检查生词学习效果时还有三个问题需要注意：

一、考查的侧重点：在考查学生学习生词的效果时，教师要针对不同词语的特点，就某一项或某几项因素着重进行考查。

二、考查的方式：除了练习外，教师也

要适当以课堂活动的方式来考查学生对生词的掌握情况。

三、考查与总结：无论以何种形式考察，考查的目的都是帮助学生复习和掌握生词，所以归纳、总结和纠错必不可少。

41. 讲解综合课的课文有哪些技巧？

思考问题

1. 如果课文的篇幅很长，你打算采取何种方法进行讲解？

2. 如果课文的内容又单调又无趣，你怎样做才能把课堂的气氛调动起来？

在汉语课本中，课文的长度和难度随着学生汉语水平的提高不断增加。初级班的课文以口语对话为主，高级班的课文则以书面语体的叙述文和议论文为主，所以教学方法不能一概而论。总的来说，课文教学要兼顾教学效果和课堂气氛，具体方法包括：

一、多种讲解方式相结合。课文教学往往处在一堂课的中间阶段，也是学生最容易失去注意力的时候，因此最大的忌讳是讲解方式一成不变。课文讲解的方法列举如下：

1. 读一段课文其实有很多种方式，如一个人读；集体接龙读；学生默读；教师读、学生听（写）；教师读，学生跟读；集体齐读；分小组读等。

2. 讲授一篇课文也有很多种方式，如教师精讲语法；提炼出重点或热点问题组织讨论；请学生分析句子或段落意义，教师点评；学生默读后回答问题；学生找出自学中发现的难点向教师提问等。

3. 复习课文的方法也很多，如表演、背诵、问答、填空、复述、改写、缩写等，这些方法可以综合运用在课文讲解的过程中。

二、注重语法分析。语言课不同于语文课，语法分析在课文教学中尤为重要，教师要对语法点有精准到位的把握，要对本课的语言点做出正确而清楚的分析，如有语法意义的虚词、复句中的关联词、特殊的句子结构等。语法展示的常见方法有演绎法、归纳法和图示法等，教师可根据实际情况进行选择。无论采用何种方法，目的都是使学生能理解、会用。

三、注意与学生保持互动。有不少教师总抱怨课文内容枯燥，过于注重语言点的编排，缺少趣味性，学生不爱学。在这种情况下，教师对课本内容的驾驭就显得尤为重要。同一篇看似枯燥的课文，有的教师能讲得很生动，课堂上充满欢声笑语，有的却讲得学生昏昏欲睡。教师要通过各种方法将学生的兴趣点与课文内容结合起来。可能整篇课文不能吸引学生的兴趣，但教师可以抓住课文中的某一个词、一个句子或一个语段，由此引发一些有趣的话题进行讨论；在讲解过程中也可以根据课文内容和情景穿插各种形式的活动与练习。总之，只要方法得当，时间安排合理，这些互动环节就能够有效地帮助学生缓解疲劳，重新集中注意力。

42. 在练习环节常常会出现哪些偏差？

思考问题

戴娜在中国学习中文。一天她向朋友抱怨说：“我们在做用指定词语完成句子这样的练习时，老师总是让个别学生站起来读答案，然后老师告诉我们这个句子应该怎么说，到最后我也不知道自己写得对还是错。”你在课堂上是否注意到了类似的问题？

每套教材、每堂课中的语言操练都有多种方法，但基本上是以听、说、读、写为主要形式的各种练习的融合，学生的语言能力由此得到极大的提升。在这个环节中，教师要避免以下几种偏差：

一、形式单一。我们曾谈到调动课堂气氛的方法之一是“花样翻新”。汉语教学的各个环节，包括练习的形式，都要注意“花样翻新”。在某些教师的课堂上，一个问答练习重复很多遍，时间很长，形式单一，学生就失去了注意力。实际上，同样一个问题，教师可以从不同角度设计练习，让学生从多方面去操练，这也有助于保持学生学习的热情。

二、机会不均。由于时间等因素的限制，课堂教学中很难做到完全的机会均等，但教师还是要努力做到公平。比如，小问题可以让每个学生都回答一下，而完成句子或语段表达等这些需要较长时间的问题，可以先选择比较有代表性的学生提问。如在“联合国班”中，教师可以提问一个韩国学生，再提问一个日本学生。有些问题教师也可以让某些学生下次课再说。此外，多组织小组活动也是让学生获得均等机会的好办法。

三、模棱两可。教师对学生的答案不置可否，学生常听到的是“也可以，但是不太好”“行是行，但有点儿不太符合中国人的习惯。”具体为什么不太好？什么地方不符合习惯？教师不解释，学生就不会明白。如果教师一时找不到答案，最好把学生的问题带回去好好研究，下次课再讲解。

四、粗心大意。上文“思考问题”中提到的戴娜的问题实际上是由于教师不够细心、不能体察每个学生的感受所造成的。课堂上不可能做到每个学生都有机会把自己写的练习答案说出来，但教师可以让学生把问题的答案写在本子上，带回去批改，学生就不会有这样的遗憾了。

五、缺乏耐心。课堂上的分分秒秒都非常宝贵，所以有的教师在碰到表达能力差的学生时，就会失去耐心。如果学生从教师的神态、肢体语言和话语中感受到教师的急躁，他就会慌乱起来，仓促地结束表达或回答。为此，在学生表达之前，教师要提醒学生回答问题的时限。一旦学生开始表达，教师就要表现出足够的耐心，在学生停顿时给予鼓励和必要的提示。

43. 怎么提问最有效？

编者心语

一次我去观摩一位教师的汉语课。这位教师向学生提问：“你喜欢什么水果？”提问的方式是从第一个学生开始逐个问到最后一个学生，当前面几个学生回答时，我看到后面的学生已经感到很无聊了。那么，我们究竟应该用什么样的方式提问呢？

就提问这个环节来说，教师应避免以下情况：

一、总是一个接一个问学生同样的问题，结果有些学生早早准备好答案后，在漫长的等待中就会开始走神。也许有的教师会说：“重复不是有利于学生记忆吗？”试想这种机械的提问方式真的会帮助学生加深记忆吗？还是影响了他们的学习兴趣？答案很明显，适当的重复是必要的，但操练一个句型的方式应该多样化，目的在于抓住学生的兴趣。就上文“编者心语”里提到的教师来说，他可以不按座位顺序点名提问。教师只需要做出一个小小的调整，就会让学生在课堂上一直保持良好的状态。

二、常把问题提给全班学生。如果一个教师经常把问题提给全班学生，而且等着学生一起回答，这真是个下下策，因为你听不清楚每个学生的发音和答案。如果提问的问题很简单，尚且可以这么做；如果答案不是唯一的，就一定不要让全班集体回答。有些学生在这样的情况下会滥竽充数，并不真正去思考。

三、总是对着好学生提问。有的教师习

惯性地将目光对准那些好学生，有时会按捺不住喜爱的情感。要知道，教师的言行举止都在学生的观察之中，教师对学生的态度有时甚至会决定学生对这门汉语课的态度。所以对教师来说，正确的做法是在充分考虑学生个体差异的基础上，给所有学生平等的机会。

那么，就提问的内容来说，教师应该多提什么样的问题呢？

一、多提与课堂教学紧密相关的问题，要有较强的目的性。教师在设计问题时要有计划性，要紧密结合课堂教学的要点。有的教师喜欢和学生随便闲聊，天马行空，看起来生动活泼，却无法引导学生逐步掌握难度更高的语言结构，导致学习只是在低水平上进行重复。

比如，讲了“是……的”结构后，教师可以设定一定的情境，引导学生操练此句型。教师可以提问：“昨晚你吃饭了吗？”“是谁给你做的饭？”“是几点吃的？”“是在哪儿吃的？”然后再设定如“坐飞机来中国、出生日期、中学毕业”等适合用此句型交流的情景，让学生之间或学生和教师之间进行互动问答，使学生充分体会“是……的”结构对时间、地点、方式等起到的强调作用。

二、多提学生感兴趣且能有感而发的问题，引发学生思考。不同年龄层次的学生感兴趣的事物不同，当然也有一些问题是所有学生共同感兴趣的。教师要学会抓住学生的兴趣点，然后最大限度地展开问题，激发学生交流的热情。

比如，外国学生通常对中国的饮食感兴趣，教师可以就此话题进行一系列的问答，如在初级班就可以问：“你喜欢吃中国菜吗？”“你喜欢吃什么中国菜？”“你不喜欢吃什么中国菜？”“中国菜和你们国家的菜一样吗？”等等。

三、多提学生有能力回答但同时还有一定挑战性的问题。这涉及问题的层级性，教师需要谨慎设定一级比一级更难的问题，帮助学生不断地向更高一级“攀登”。教师的问题如果不能引导学生多用汉语说话，那就是失败的问题。如果教师问了很多，而学生用“是”或“不是”就能回答，这种问题也很难帮助学生快速提高汉语水平。

比如，就“饮食”这个话题而言，教师在做了简单的问答后，可以适当加深问题的难度。如可以问：“你们国家的菜和中国菜有什么不一样？”学生在回答时肯定会遇到生词，比方说“调料”，但是为了交流的需要，他们会请老师帮忙翻译或查词典，然后试着说出来。当学生能用汉语说出自己喜欢的调料名称，又能简要地说出两个国家饮食的差异时，他们的汉语水平就在不知不觉中得到了提高。

四、多提有助于学生纠正错误的问题。汉语教学就是在学生犯错误以及教师不断的修正中进行的。提问对于学生自我修正错误也会有很大的帮助。

比如，“把”字句是汉语教学的难点，当教师讲解了“把”字句的语法特点和语用条件后，就可以给出一些错句，如“我把山登了”“我把月亮看了”，然后让学生说说“对不对”“为什么”，以此来检验教学的效果，并帮助学生记忆。

五、多提有助于学生自觉认知语言规律的问题。教师在提问中可以多鼓励学生发挥自主性，如果学生能从被动地听老师讲语法发展到主动地总结归纳语法规律，这无疑是汉语教学中的进步。

比如，我们在给海外小学生讲“山上有树”这个存现句句型时，就先给学生列出“山下有河”“树上有鸟”等句子，然后问学生：“‘上、下’在哪儿？”“‘有’在哪儿？”等问题，引导学生观察存现句的语序，最后由学生自己总结存现句的句型。

44. 有些学生总喜欢抢答怎么办?

思考问题

井上是日本留学生，性格比较内向；雷蒙是法国留学生，性格外向，喜欢发言。老师常说："井上怎么总不主动回答问题呢？"可是井上心里却想："我哪是不想回答，而是雷蒙他们总抢着说，我还有什么机会说呀？"遇到这种情况，教师该怎么办呢?

在前文第6个问题中，我们曾谈到如何使不喜欢说话的学生愿意开口，这个问题说的是问题的另一面，即有些没说话的学生总觉得别人抢占了自己的机会。教师如果干预雷蒙这样的学生，指出他们的问题，似乎又会挫伤他们的学习积极性，但是对井上等学生心理上的症结也不能漠视。这真的会让教师很为难。针对这种情况，教师可以尝试以下几种方法：

一、经常点名提问，避免毫无针对性地对全班提问。

二、规定回答问题前要先举手，然后由教师点名，以便更好地控制局面。

在问答过程中，教师要注意一个问题，即以哪种方式点名，都要向学生发出明确的指令，然后坚持此原则，不可动摇，否则一会儿让学生举手，一会儿又默许其随便抢答，肯定会造成课堂上的混乱局面，学生也会因此对教师的课堂掌控能力表示怀疑。

三、在课余时间找井上进行沟通，让他在自由表达时主动争取更多的说话机会。

四、让井上和雷蒙共同完成一些任务。教师可以进行有意识地安排，让汉字功底好的井上和口语好的雷蒙一起做一张海报、表演一段对话或是完成一个语言实践活动，这样他们就能在学习上优势互补，并可增进同学之间的友谊。

45. 好的板书应该具备哪些特点?

编者信箱

我是志愿者小徐。每次上课前我总在想这次课一定要写出很规范、很清楚的板书，可是讲着讲着，当和学生的交流多起来的时候，板书就开始变乱了。请问如何才能设计出好的板书?

关于小徐提的板书问题，很多教师都有同感。

板书可以分为两个部分：

一为固定的内容，可从教案上直接抄到黑板上，也可做成幻灯片，比如词语解释示例、语法展示示例。

词语解释示例一般包括四个部分：词性、语义说明、常见搭配和例句展示。

毫不：<副>一点儿也不 ～+（双音节）形容词/动词 他～难过。～让步。

语法展示常见的形式有四种：

结构式

主语+把+宾语+动词+其他成分				
我	把	衣服	洗	完了。
他	把	门	关	上了。

归纳式

他	是	在日本	出生	的。
我	是	1994年	毕业	的。
小东	是	坐飞机	去上海	的。
主语+是+地点/时间/方式+动词（+宾语）+的				

对比式

A 比 B……	⟶	B 没有 A ……
爸爸 比小红 高。		小红没有 爸爸 高。
哈尔滨比北京 冷。		北京没有哈尔滨冷。

图解式

二为随机的内容，课堂上随时遇到某个词需要写出来的，就要立刻写在黑板上。建议教师在黑板的一侧单分出来一块留给随机的板书内容，而且要养成横行直写、字号适当的书写习惯，不要太过随便，这样就可以避免混乱了。

好的板书
• 一目了然，没有赘述。 • 重点突出，可以在字体、颜色等方面对重点内容加以区别。 • 举例充分，对本课的主要语言点应多写几个例句。
不好的板书
• 书写位置不当，有的低于讲台，学生看不清楚。 • 层次混乱，归纳出的语言结构式和例句没有明显的区别标志，混杂在一起，不好识别。 • 字体不规范，有很多连笔字，或者不注意按照笔画笔顺的规则书写。

46. 如何做好课堂小结？

编者信箱

我是一名刚刚到任的汉语志愿者。在国内参加培训的时候，培训教师告诉我们下课前的总结很重要，但这里的老教师说下课前有时间就帮学生复习总结一下，没时间就算了。请问，总结部分究竟该如何安排？真的可以安排得随意一点吗？

从课堂教学设计的角度来讲，任何一个教学环节都是非常重要的。小结部分是课堂教学不可缺少的环节，教师在备课时就要充分考虑本堂课需要总结哪些内容，如何总结，用多长时间。如果时间紧张，教师甚至可以适当缩减讲授的内容，也应该帮助学生做好总结复习。

一、归纳总结。在小结部分，教师可将整堂课内容重新梳理、回顾一下，比如让学生自己说说本堂课学到了什么，还有哪些问题不明白，教师再加以指导。这样做既达到了复习总结的目的，又发挥了学生的主观能动性。

二、强化重点。有的教师将黑板上重要的板书内容（如语音、词汇、句型等）特意保留下来或写在某个固定的地方，到最后复习时一边带学生认读一边擦黑板，也可让学生将擦掉的词重新说出来或写出来，这样也可以帮助学生复习巩固。

三、检查测试。教师可以将本课学习的内容以提问或问卷的形式给学生做一个小测试，考查学生掌握得如何，以便在下一次课中做一个有针对性的导入和复习。

四、以旧带新。教师总结完本课内容后，可以自然地过渡到下一课的内容，对下一课要学习的内容做简单的介绍，让学生有所准备。

小结是一堂课的尾声，教师无论以哪种方式复习，都不妨加入一些幽默的调侃，努力营造轻松的氛围，帮助学生缓解学习的疲劳感。

47. 留什么样的作业是最有价值的？

编者信箱

我现在这个班的学生总抱怨作业的内容没有意思，可是我除了将课后的练习布置为作业外，不知道如何才能让他们觉得作业很有趣。请问有哪些好办法吗？

作业的问题可以从数量、内容、形式三个方面来看：

一、数量上要有一定的弹性。除了留给全班学生的作业以外，对水平较高的学生，教师可以额外布置一些具有更大难度和挑战性的任务，以满足学生的不同需求。

比如，在国外小学讲“动物”这一课时，除了让学生回家做课后练习，我还充分考虑了当地小学生喜爱大自然与动物的心理，鼓励学生上网查找关于中国熊猫的信息，下次课给大家讲一讲。但这个任务并不要求每个学生都要完成，而是让学生凭兴趣进行选择。

再比如，在国内教综合课时，除了日常的作业以外，我鼓励学生每个星期做三份简报，就是将报纸上自己感兴趣的文章剪裁下来，贴在本子上，自己查词典进行注解，交给教师检查，也可以向全班学生描述简报内容，教师再给予必要的点评。

二、内容上不能只局限于课本上的练习或机械性操练，教师应多设计一些有创意的作业。能引导学生发挥出主观能动性的作业是最有价值的。

比如，我曾布置过这样的作业——用中文写日记、以“汉语中的外来语”为题做一次语言调查实践报告、以“中国大学生的生活”为题做小采访、自制幻灯片谈“我的幸福观”等，学生的想象力和创造力在完成任务的过程中得到了极大的发挥，教学效果也超出想象。

三、形式上也可以充分发挥年轻人喜爱高科技的特点，利用多媒体等辅助手段，让学生拍摄图片、制作文档、在网上搜索材料，然后通过网络和老师传递作业，随时交流信息。另外，在布置作业时，教师不要总是让学生单独完成，可以偶尔设计一个需要集体合作完成的小组活动。

比如，让四人小组拍摄一段“制作一道家乡菜”这样的视频，配上声音和汉字向全班汇报，也可以请全班同学一起分享这些美味。

以上介绍的这些有创意的作业形式对学生很有吸引力，他们不再一味地抱怨学习的枯燥，而是会很认真地想办法去分担任务，完成作业，同时共享集体劳动的成果。

48. 教师在批改和点评作业时应注意哪些问题？

编者信箱

我是刚刚从事国际中文教学工作的年轻老师。我每天要批改的作业很多，但不知道应该从哪些方面去批改和点评，能给我一些建议吗？

学生作业中常见的问题主要有四个方面：（1）语法问题；（2）错别字；（3）语用问题（即一个词语或句型用在某种语体或交际情境中不恰当）；（4）标点符号问题。

教师处理作业的环节可分为四个步骤：

一、教师批改

1. 做好标志：教师要在写得好的句子上做出某种固定的标志，在有错误的地方做出另一种标志，同时改正过来。

2. 归纳总结：教师对作业中优点和不足之处要归纳总结，并在最后给学生一一写清楚。尤其是语法错误，一定要给出正确的结构式。

3. 沟通交流：教师在批改的最后可以与学生做一个简单有趣的交流，如写出“加油！”“太棒了！”一类的鼓励语；也可评价一下学生最近的表现；还可写一点建议，希望学生在某个方面可以做得更好。教师的批改力求做到严格但非严厉。在布置作业的时候，教师可以鼓励学生将自己对课堂教学的想法和学习上的问题在作业后边写出来。要知道，批改作业也是一个与学生说心里话的好机会！

二、点评环节

1. 集中点评：教师一定要抓住带有普遍性的问题，在全班范围内做出点评，多举例，多操练。

2. 个别辅导：教师对学生的具体问题可做单独辅导，但如果时间和精力有限，教师可以将一个学生一段时间内作业中的问题累积起来，再为他安排几次单独辅导，这样做也有很好的效果。

三、学生修改

点评不是作业批改的最后一环，批改的最终的目的是让学生自我修改。教师要让学生将出错的地方按正确答案再抄写一遍或几遍，以此督促学生总结问题，并帮助其强化记忆。

四、复习整理

教师要让学生保留好作业，在学期末时将所有问题改过后重新抄写一遍，教师再批改，也可算作考试成绩的一部分。这种“温故而知新”的批改方式对学生很有帮助。

49. 在教学中如何具体体现跨文化教学策略？

编者心语

在长期的教学实践中，我们深感语言与文化的关系是如此紧密，跨文化交际的理念绝不能只停留于口头，还应该渗透到教学实践的每一个环节中去。那么在教学中应该注意哪些问题呢？

在教学中，我们面对来自全球文化背景迥异的国家与地区的学生们，想应用好跨文化交际策略，在设计教学时要把握好以下几个方面：

一、深刻理解宗教信仰等文化差异并在教学中体现出来。如：泰国是佛教国家,用手摸学生头被视为对神明的不敬。这些文化禁忌，教师在课堂上一定要避免。

二、运用跨文化视域下的语言交际策略。比如：韩语中敬语具有不同程度的表达，因身份转换而不同。中文中的”你好”，在韩语里对应以下三种表达方式：안녕（平辈或晚辈）、안녕하세요（长辈或陌生人及不熟的人）、안녕하십니까（同上，使用场合更为正式、严肃）。在教学中就要注重以对比视角来引导学生理解这种表达的差异性。

三、开展可操作性强的跨文化体验活动。比如一名英国中学教师曾设计这样一个文化体验活动：让学生们用咖啡方糖搭建一个“长城”，并用中文讲解有关长城的故事。这种活动在海外既易于操作又充分关照了学习者的文化背景。

50. 文化教学应该如何进行？如何使文化讲解与中文学习有机地结合起来？

编者信箱

我即将去国外中小学教授中文。听说在海外非常重视文化教学，我想知道如何有效地开展文化教学，应该提前做哪些准备？

海外的中文教学，尤其是在中小学，非常重视文化教学。一般来讲，教师在准备每一课的语言点时，通常还要确立文化点。

比如，在讲到“五官名称”时，教师可以教学生做中国的眼保健操；在讲“教室”这一话题时，教师可以用实景图片展示一下中国学生的教室，让学生和本国的教室做比较。

文化教学与语言教学结合得好，二者就会相互促进、相得益彰。为做到这一点，教师要把握好以下几个原则：

一、找准文化点。这个点首先要结合当课话题，其次要尽量符合学生的兴趣。学生感兴趣的文化点往往也是中国文化和外国文化有差异的地方。

二、掌握文化点讲解的尺度。对于初涉中国文化的学生，讲解不要太深太难。

三、使文化教学和语言教学紧密结合。在文化讨论中教师要尽量让学生用到本课的词语和句型。

四、巧妙解答疑难问题。在讲解文化时，有时学生会提出很多稀奇古怪的问题，对于这些问题，教师要耐心地向学生解释中国的国情和国策，既不能有损中国国格和中国人的人格，也要和学生坦诚相见，实事求是。

五、控制文化讲解的时间。文化讲解不是汉语课的主要内容，只是其中的一个环节，所以教师在设计课程时要好好掌控时间，也可以单独开设一些专题讲座。

很多国家的学生喜欢中国文化的体验活动，如看中国电影、吃中餐、学习中国功夫等。 教师要善于利用传统文化资源辅助教学，但同时要注意活动的设计要合情合理。

比如，在一次外派汉语教师的考试中，有一位教师在试讲“动物”一课时，设计了一个让学生学习舞狮子的文化体验活动。我随即问她：“有专业人士指点吗？学生能学会吗？有无安全问题？你能找到这些道具吗？如果没有道具，又会有什么样的效果呢？ ”他说没想那么多，只是觉得有趣。海外教中文的条件有限，教师不能太理想化。设计文化活动要着眼于现实，既要有趣也要有可操作性。比如我们在国外讲“动物”这个话题时，让学生制作过“中国龙”的手工剪纸， 指导他们做出彩色的“龙脸”面具，这些活动准备起来容易，效果也很好。

此外，教师可以在国内买一些具有中国文化特色的小物件，如景泰蓝的小礼品、熊猫玩偶、剪纸、中国结、印章、毛笔等。这些物件既可以作为给学生的小奖品，也可以很好地展示中国文化。

课堂活动复印页

2.语音排序

听教师读拼音，按你听到的顺序在拼音旁边写出序号。 Listen to the teacher read the *pinyin* and write down the serial number next to the *pinyin* in the order you heard.

8.各守其位

按要求在下面每个音节的正确位置上标出声调。　Mark the tones over the right places of each of the following syllables according to the directions.

10.擦眼泪

找出应该去掉ü上面两个点的音节，擦掉小鱼的“眼泪”，并将该音节圈起来。 Find the syllables that have the two dots to be removed over ü. Wipe the “fish tears” and then circle that syllable.

20.汉字金字塔

把笔画数相同的汉字写在同一行。 Write down the Chinese characters that have the same number of strokes on the same line.

人	忙	乐	会	花	女
大	多	小	非	朋	水
我	百	一	雨	鱼	来
太	十	木	往	但	只
右	的	好	空	金	老
王	快	四	里	白	走

21.先来后到

根据下面每个汉字右下角的笔画数提示，涂出指定笔画。 Highlight the designated stroke according to the stroke number indicated at the lower right corner of each Chinese character.

头 1	画 2	明 6	区 2
水 1	人 1	我 7	问 6
木 3	风 2	今 3	八 2
田 5	火 2	办 2	音 7
书 4	肚 5	车 3	都 4
红 5	茶 4	林 5	病 6
冷 5	停 3	包 4	鱼 7

22.图文并茂A

日	月	雨	云	人
子	手	山	水	火
心	上	下	口	木
米	果	刀	目	马
牛	鸟	羊	门	瓜
车	舟	网	田	耳

22.图文并茂B

25.神秘的画

将下图中的独体字涂上同一种颜色，再将合体字都涂上另外一种颜色，看看这是一幅什么画（注意：涂色时要涂满整个字框）。 Paint the independent characters in the table below with the same color and then paint the combined characters with another color. See what kind of picture it is. (Note: fill up the entire square when you paint.)

你 洗	好	您 天	明 人	漂	亮 那	草 请	树 胜	修 利	秀
细	朋	刚 山	连 水	这	难 村	说 低	就	信	吗 妈
新	照 月	米	禾	贵 日	叫	骄 傲	休 息	间	爸 问
课	学 木	大	口	笑 王	校	国	家 车	床 耳	窗
音 父	母	千	万	上	累 下	忙	谈 川	话 里	朝
满	因 鸟	瓜	开	轻 电	闹	快 土	牙	子	慢 正
汉 女	中	门	田	牛	熊 羊	猫 儿	半	失	游 寸
胖	瘦	雨	云	动	物	抓 爪	农	立	意 衣
和 跟	吃	龙	才	运	葡 逃	萄	也	求	姐
喝	江	虫	巾	苹	梨	唱	我	手	歌

30.汉字五子棋

44.边画边猜

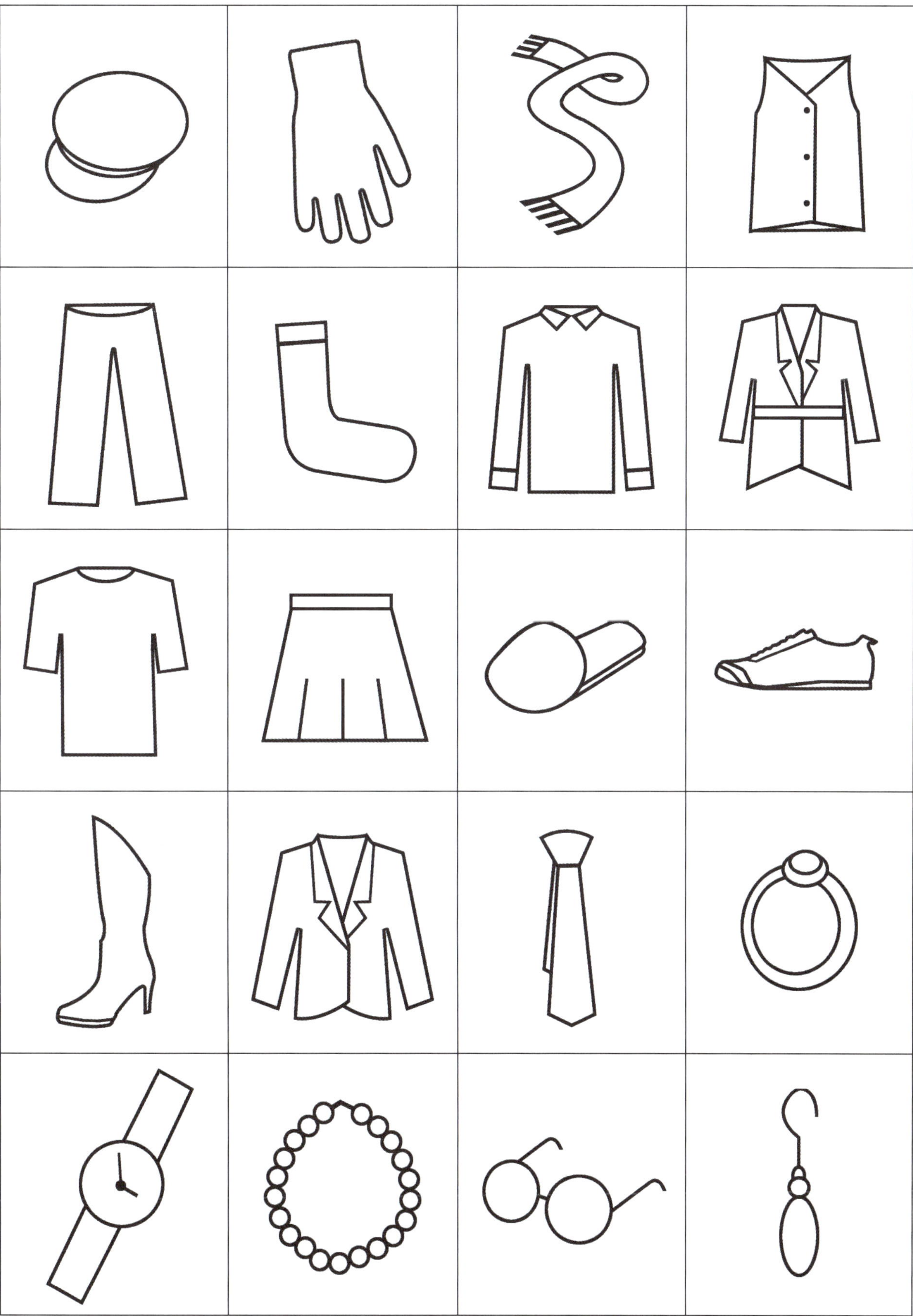

45.颠来倒去

根据图片提示，将拼音字母组成词语，写在相应的图片下方。 Arrange the *pinyin* letters into words according to the picture prompts and then write the words under the corresponding pictures.

① h ua uang g　　② t ou u d　　③ h u sh ong　　④ z i ie q

⑤ i d z ou　　⑥ u m i y　　⑦ x i ong i h sh　　⑧ l b uo o

⑨ b ai c ai　　⑩ iao a l j　　⑪ m u o g　　⑫ g an n ua

52.卡片配对

61.捉乌龟

66.词语大变身A

66.词语大变身B

66.词语大变身C

66.词语大变身D

77.过关斩将

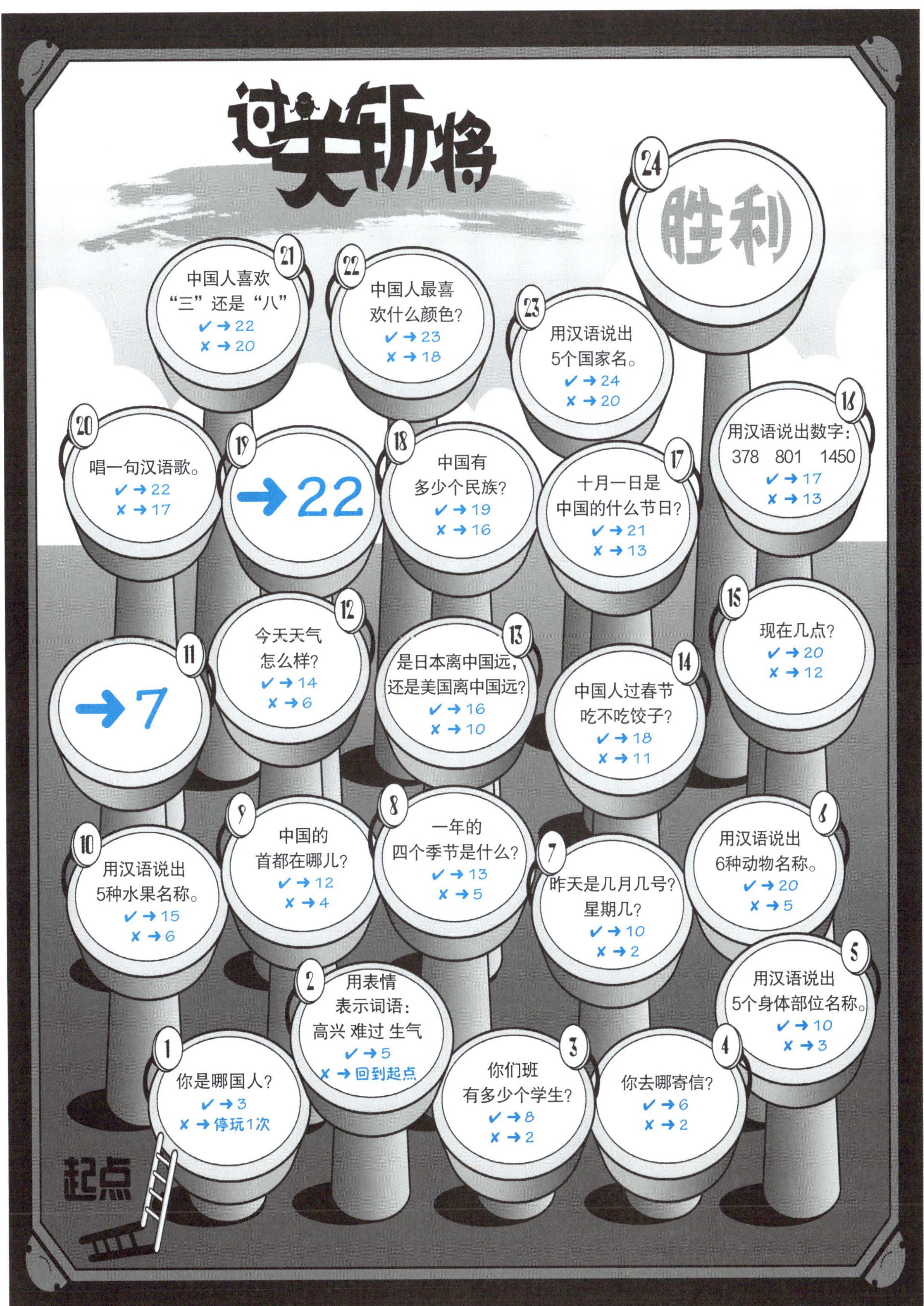

过关斩将
24 胜利
21 中国人喜欢“三”还是“八” ✔→22 ✘→20
22 中国人最喜欢什么颜色？ ✔→23 ✘→18
23 用汉语说出5个国家名。 ✔→24 ✘→20
20 唱一句汉语歌。 ✔→22 ✘→17
19 →22
18 中国有多少个民族？ ✔→19 ✘→16
17 十月一日是中国的什么节日？ ✔→21 ✘→13
16 用汉语说出数字：378 801 1450 ✔→17 ✘→13
11 →7
12 今天天气怎么样？ ✔→14 ✘→6
13 是日本离中国远，还是美国离中国远？ ✔→16 ✘→10
14 中国人过春节吃不吃饺子？ ✔→18 ✘→11
15 现在几点？ ✔→20 ✘→12
10 用汉语说出5种水果名称。 ✔→15 ✘→6
9 中国的首都在哪儿？ ✔→12 ✘→4
8 一年的四个季节是什么？ ✔→13 ✘→5
7 昨天是几月几号？星期几？ ✔→10 ✘→2
6 用汉语说出6种动物名称。 ✔→20 ✘→5
5 用汉语说出5个身体部位名称。 ✔→10 ✘→3
2 用表情表示词语：高兴 难过 生气 ✔→5 ✘→回到起点
1 你是哪国人？ ✔→3 ✘→停玩1次
3 你们班有多少个学生？ ✔→8 ✘→2
4 你去哪寄信？ ✔→6 ✘→2
起点

79.组装小火车

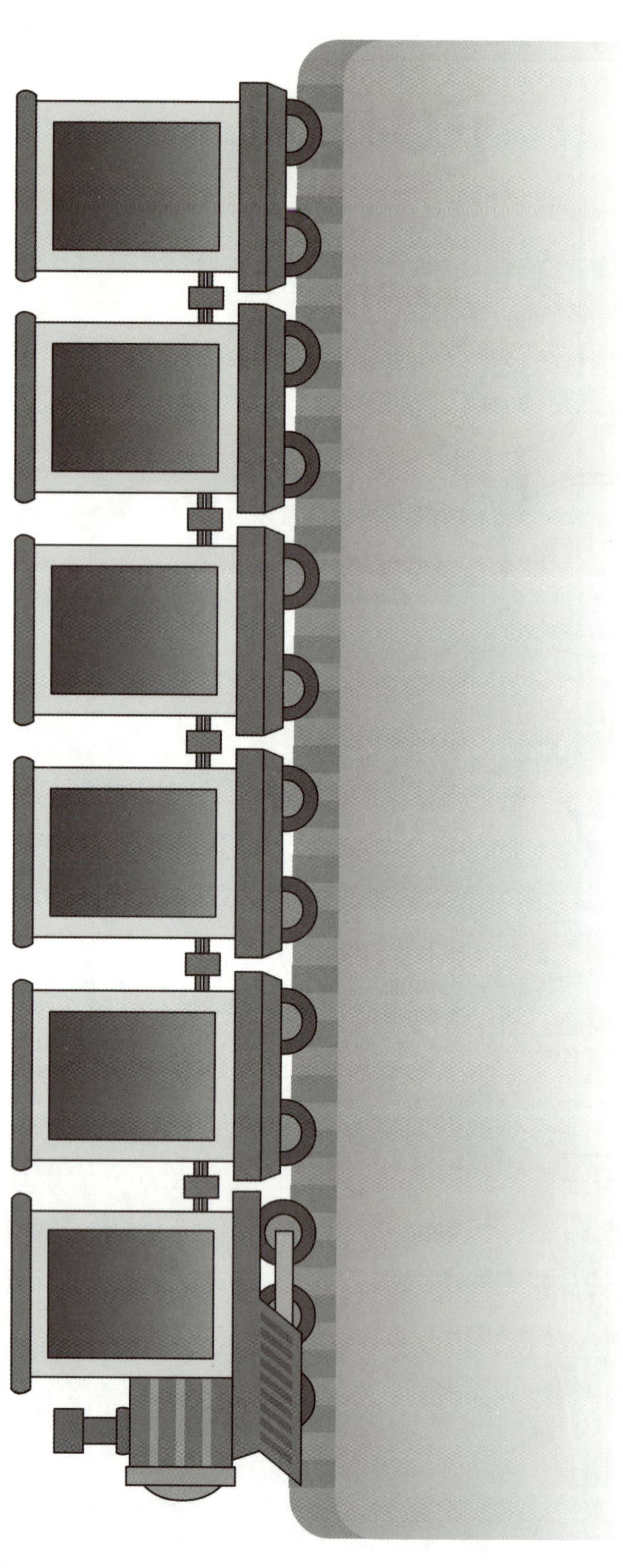

80.找差异A

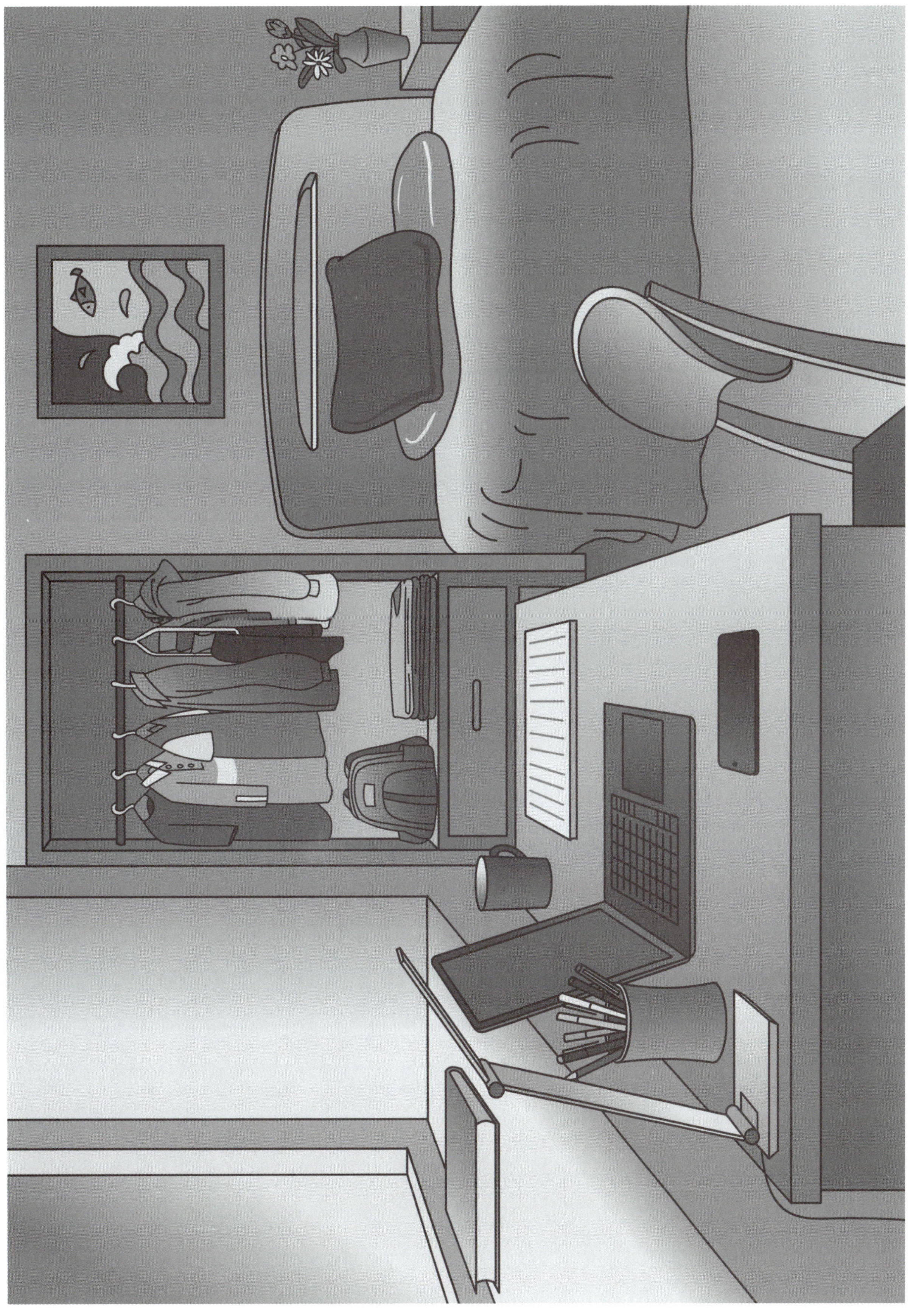

80.找差异B

91.比手速A

写给	告诉
你们	我们
妈妈	爸爸
老师	校长
手机	电脑

91.比手速B

包子	饺子
小猫	小狗
一个	一件
通知	同事
老板	消息

94.关联词串串烧

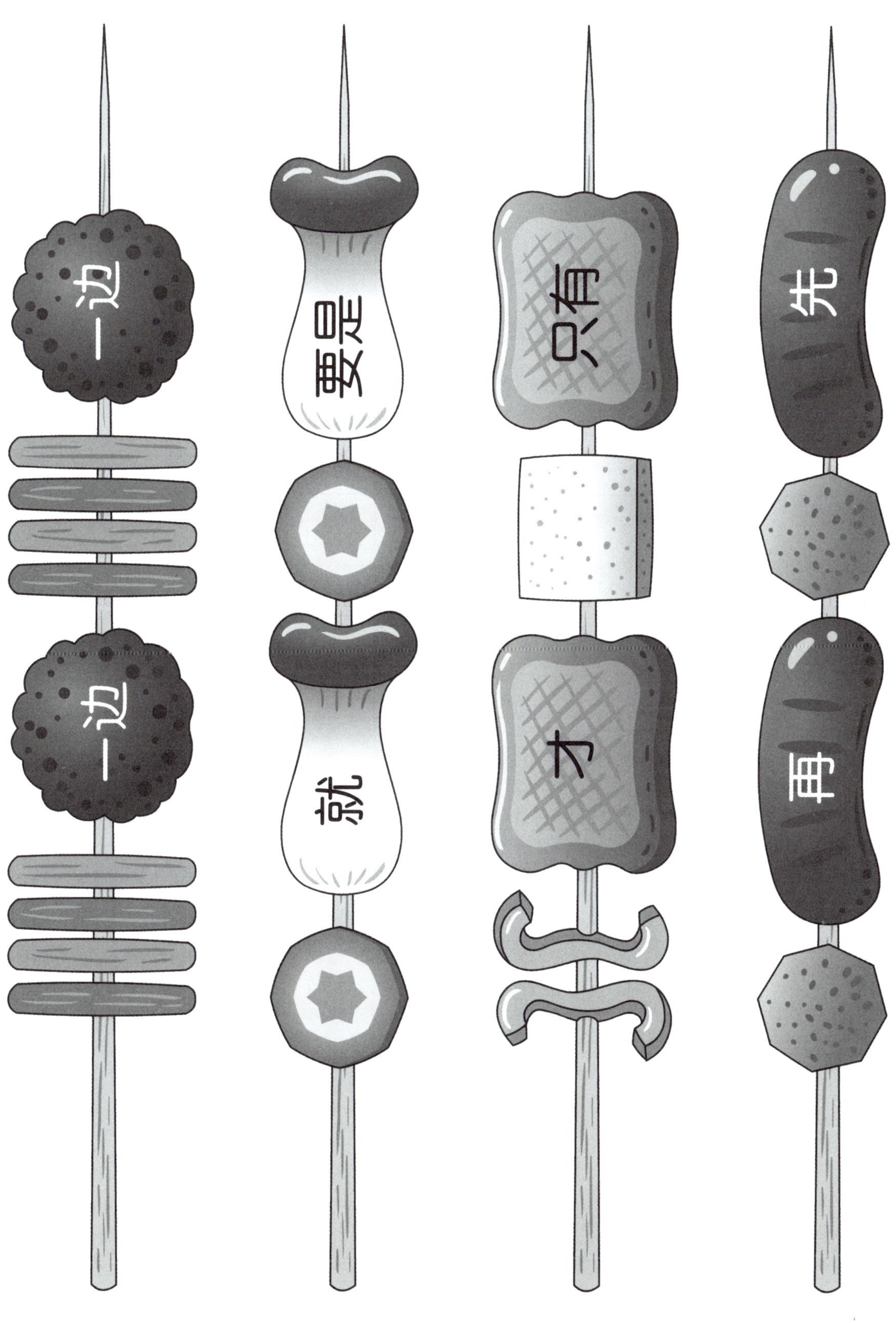

95.知己知彼

姓名	外貌+推测	性格	爱好	饮食	基本信息
例示： 大卫	高个子、帅 金色卷发 看起来性格很好	活泼 爱开玩笑	养狗 看书 画画	喜欢冰淇淋 讨厌臭豆腐	美国人 2010年出生在纽约 爸爸是工程师
1					
2					
3					
4					
5					
6					
7					
8					

姓名牌参考

序号：

姓名：

序号：

姓名：

97.扔色子，点美食A

菜谱A

- 水果沙拉
- 炒土豆丝
- 炒西兰花
- 红烧茄子
- 鱼香肉丝
- 烤鸭
- 火锅
- 西红柿炒鸡蛋
- 酸辣汤
- 包子
- 饺子
- 面条
- 馄饨
- 炒饭

菜谱B

- 煎豆腐
- 炒西兰花
- 宫保鸡丁
- 黑椒牛柳
- 水煮鱼
- 烤鸭
- 火锅
- 西红柿炒鸡蛋
- 酸辣汤
- 春卷
- 饺子
- 油条
- 面条
- 炒饭

97.扔色子，点美食B

开始
1
烤鸭
2
火锅
3
鱼香肉丝
4
宫保鸡丁
5
水煮鱼
14
面条
15
炒土豆丝
16
鱼头豆腐汤
17
馄饨
6
煎豆腐
13
炒饭
20
拌海带丝
19
凉拌黄瓜
18
饺子
7
油条
12
西红柿炒鸡蛋
11
包子
10
水果沙拉
9
红烧茄子
8
酸辣汤

98.我想预订房间

打电话提示卡	接电话提示卡
星海酒店 海景房、双人房 10月1号~10月5号	一天1500块 可以打九折
东方明珠大酒店 总统套房 下周三~下周五	一天1888块 VIP会员可以打五折
欧亚宾馆 单人房、安静的房间 3月5号~3月15号	一天400块 不打折
金龙大饭店 有两张床的双人间 明天一个晚上	一天680块 没有优惠
新世界酒店 商务间、阳面 7月20号~7月22号	一天1000块 不打折 免费提供早餐和晚餐
森林酒店 豪华3人间 下周六	一天1688块 会员可以打八折
乐天宾馆 两个单人间、同一个楼层 1月12号~1月15号	一天550块 不打折
王府井大饭店 豪华套房 元旦当天~1月3号	豪华套房全部订满 只有普通套房 节假日打七折

99.问路贴图A

学 校
超 市
地铁站
飞机场
公 园
电影院
医 院
火车站
银行
图书馆
酒 店
饭店
体育馆
商 场
学 校
超 市
地铁站
飞机场
公 园
电影院
医 院
火车站
银行
图书馆
酒 店
饭店
体育馆
商 场

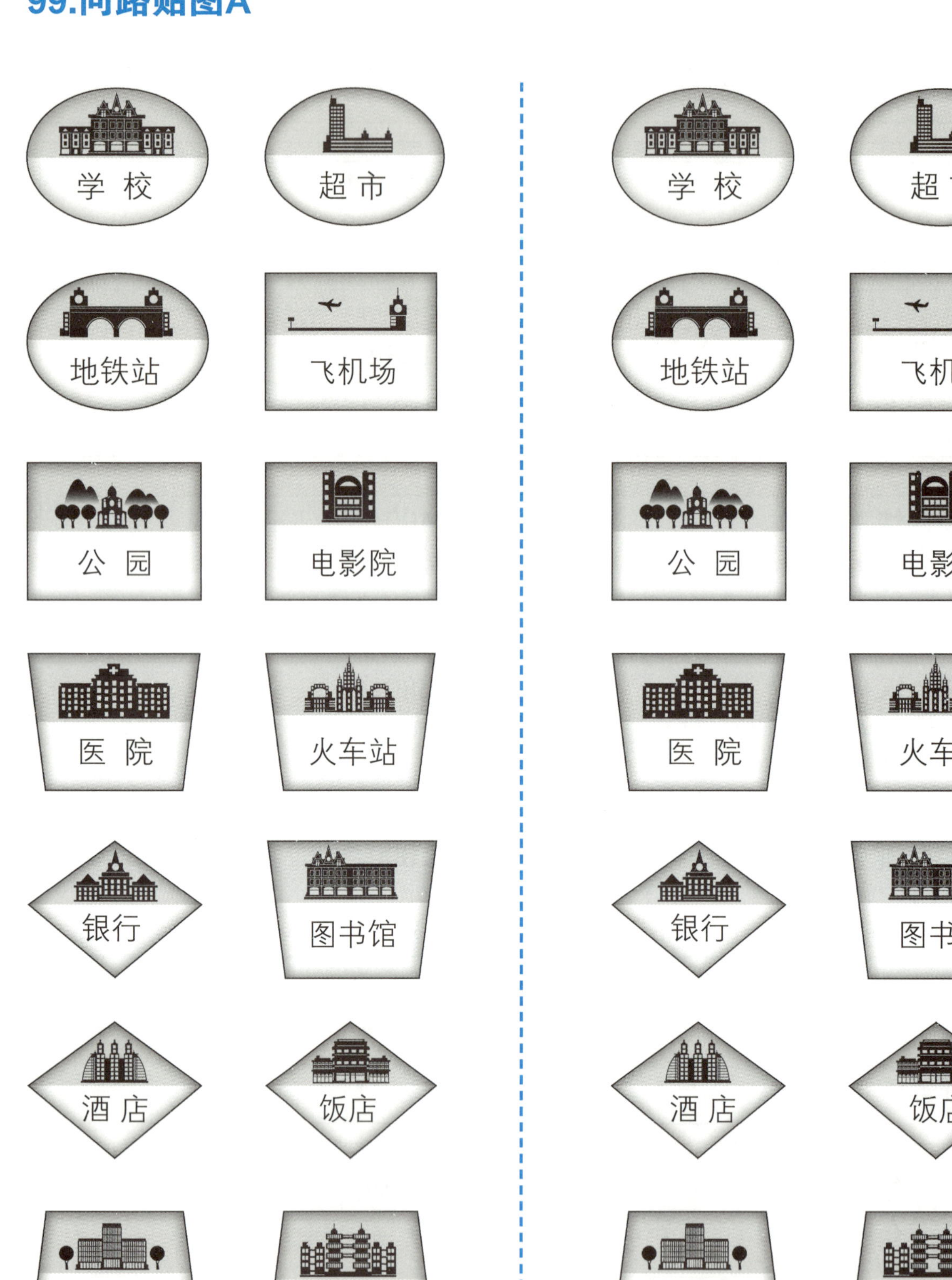

99.问路贴图B

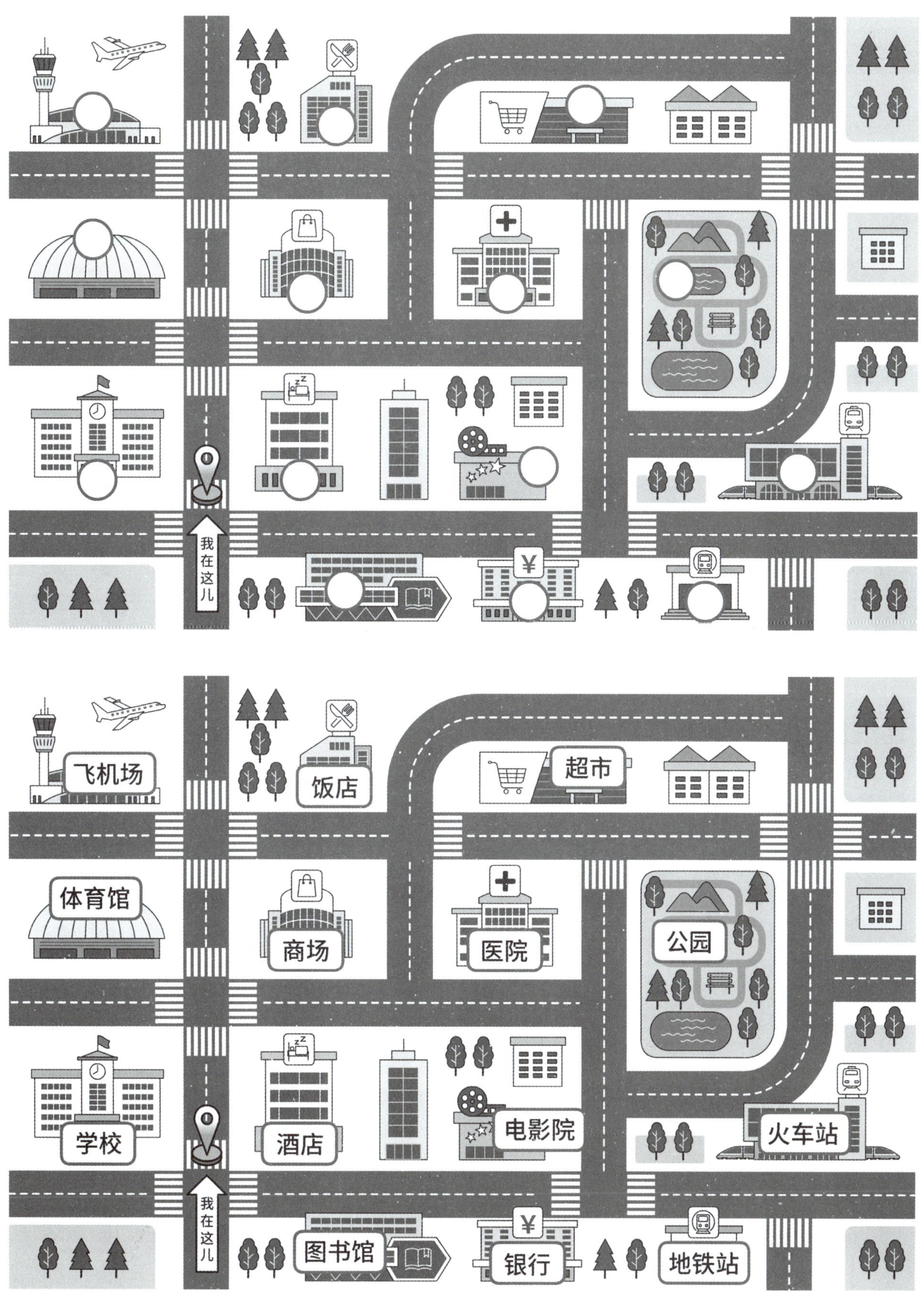

99.问路贴图C

我在这儿

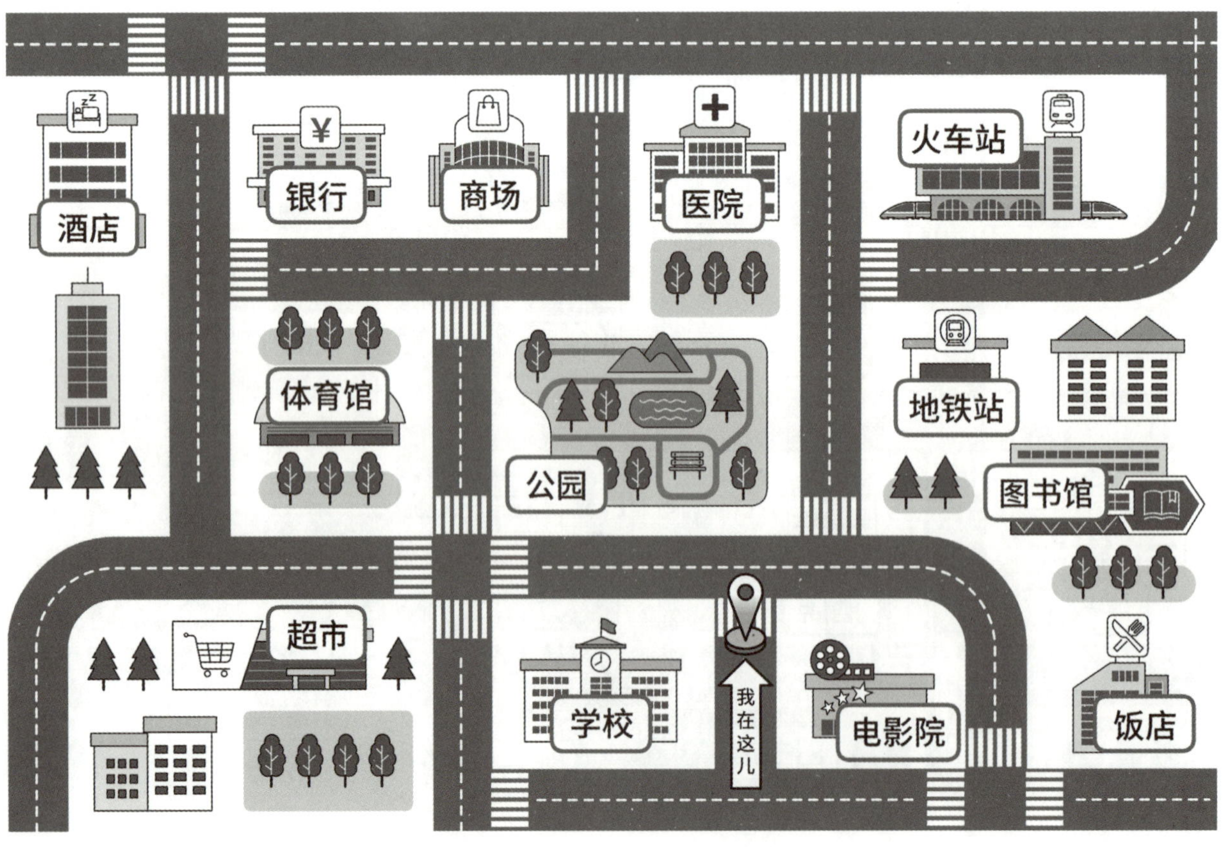

100.贴站牌A

北京站
Beijing Railway Station
西单商场
Xidan Department Store
天安门广场
Tian'anmen Square
王府井大街
Wangfujing Avenue
中央电视台
CCTV (China Central Television)
北京动物园
Beijing Zoo
国家图书馆
National Library
中关村购物中心
Zhongguancun Plaza Shopping Mall
国家体育馆
National Indoor Stadium
北京大学
Peking University
颐和园
Summer Palace
香山公园
Fragrant Hills Park

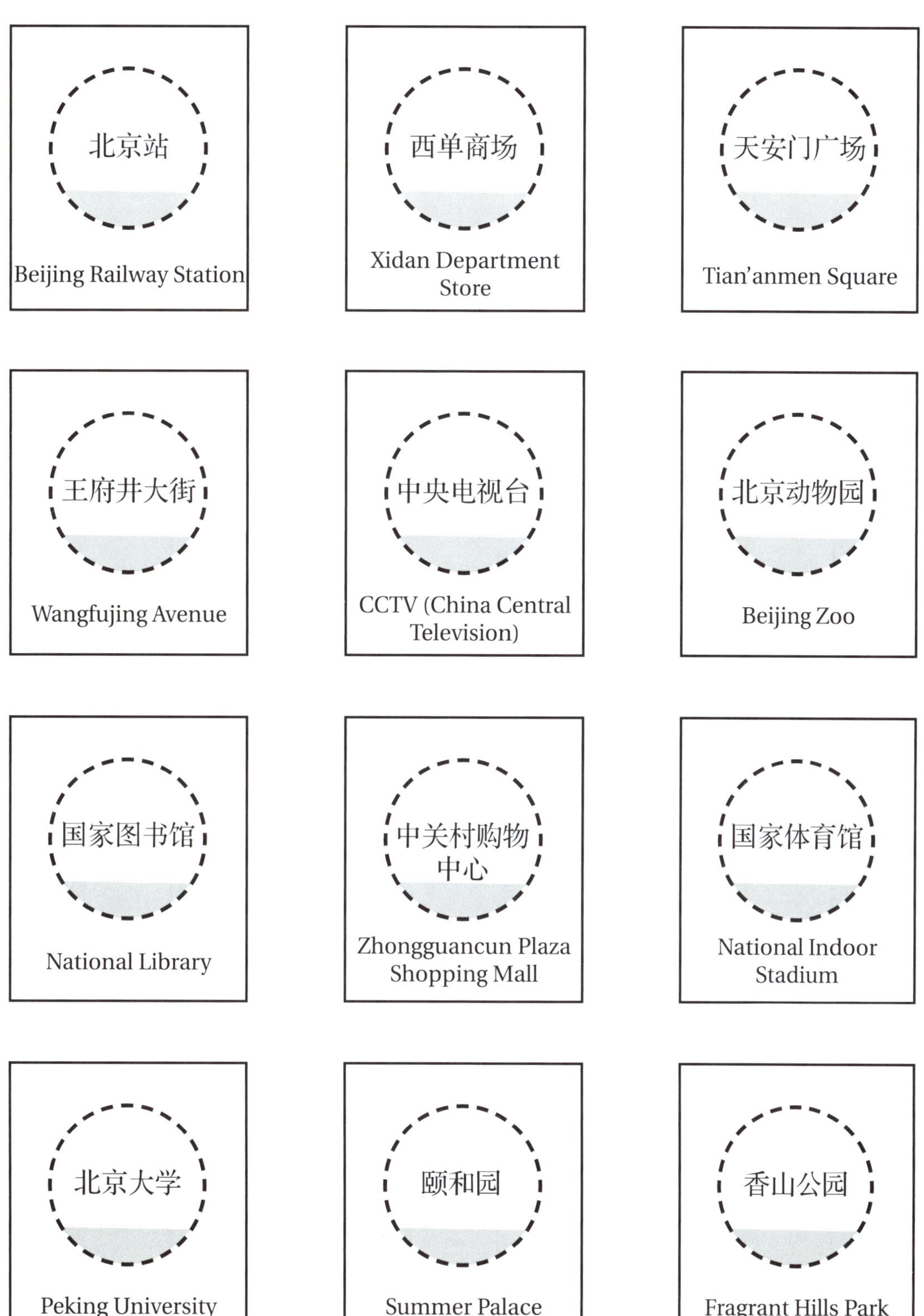

100.贴站牌B

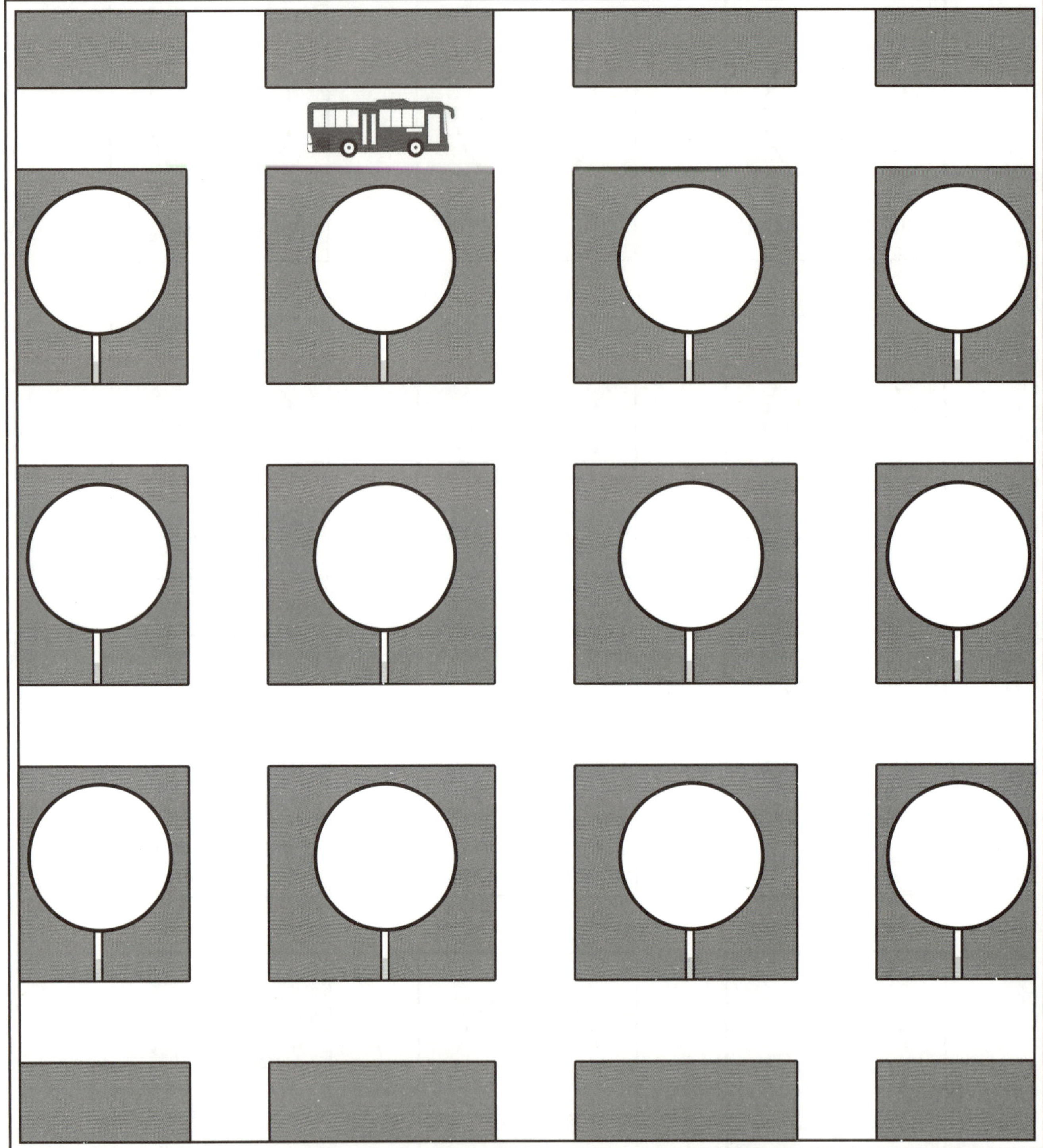

102.我是“大富翁”

存款利息 得666万元	股票上涨 得300万元	股票下跌 损失100万元	公司盈利 得500万元	公司破产 损失330万元
建医院 投资400万元	卖掉医院 得800万元	买土地 投资300万元	卖掉土地 得1000万元	建工厂 投资150万元
卖掉工厂 得450万元	研发新产品 投资55万元	新产品盈利 得90万元	开发矿山 投资700万元	开发矿山 得1400万元
失火 损失380万元	地震 损失120万元	逃税 罚款250万元	治病 花费100万元	交通事故 罚款70万元
买豪车 消费100万元	买豪宅 消费800万元	买古董 消费210万元	买珠宝 消费520万元	买名品包 消费20万元
出国留学 消费120万元	国外旅行 消费50万元	结婚费用 消费298万元	请客 消费10万元	健身运动 消费25万元
幸运卡 孤儿院 资助100万元	幸运卡 流浪动物 资助100万元	幸运卡 城市绿化 资助100万元	幸运卡 山区小学 资助100万元	幸运卡 困苦老人 资助100万元
贷款卡 利息10%	贷款卡 利息15%	贷款卡 利息20%	借钱卡 利息10%	借钱卡 利息20%

103.对症下药

感冒 症状	胃病 症状	腹泻 症状
头疼、发烧、流鼻水 咳嗽、嗓子疼	胃疼、胃胀、消化不良、胃酸多	肚子疼、拉肚子
牙龈发炎 症状	**眼病 症状**	**鼻炎 症状**
牙疼、牙龈肿痛	眼睛疼、流眼泪、 眼部红肿	打喷嚏、流鼻涕、头疼、流鼻血
心脏病 症状	**颈椎病 症状**	**关节炎 症状**
胸部疼痛、心跳过速	头晕、头疼、恶心、 脖子不舒服	膝盖疼痛、肿胀， 走路不便
皮肤过敏 症状	**失眠 症状**	**咽喉炎 症状**
皮肤痒、痛、热	睡不着觉、没有精神	嗓子干、痒、不舒服，声音嘶哑、咳嗽

104.不到长城非好汉

泰山

“五岳之首”

位于山东省中部。

八达岭长城

“不到长城非好汉”

位于北京市延庆区

长城总长约6700千米

西起嘉峪关，东到山海关

北京故宫

明朝和清朝的皇宫

位于北京

兵马俑

秦始皇陵兵马俑

位于陕西省西安市

苏州园林

中国古典园林

位于江苏省苏州市

布达拉宫

旅游胜地

位于西藏自治区拉萨市

桂林山水

“桂林山水甲天下”

位于广西壮族自治区

张家界森林公园

中国第一个国家森林公园

位于湖南省西北部

九寨沟风景区

自然风景区

位于四川省、成都北部

黄山

天下第一奇山

位于安徽省黄山市

长白山

中国十大名山之一

位于吉林省东南部

长江三峡

全长193千米

位于重庆市和湖北省境内的长江干流上

106.物归原主

寻物启事

本人于2024年1月10日在学校餐厅遗失一只红色钱包，内有学生证、宿舍卡、银行卡、全家福照片和500多块现金。拾到者请拨打手机XXX-XXXX-XXXX与本人联系。必有酬谢！谢谢！

XXX

2024年1月11日

失物招领

本人于2024年1月10日中午在学校餐厅捡到一只红色钱包，内有学生证、银行卡和现金等，请失主及时前来认领。如有认领者，请与本人联系。联系电话：XXX-XXXX-XXXX.

XXX

XX年X月X日

109.打车出行

北京火车站 → 故宫（6公里）	北京火车站 → 故宫（6公里）
首都机场 → 北京大学（33公里）	首都机场 → 北京大学（33公里）
清华大学正门 → 国家体育场（9公里）	清华大学正门 → 国家体育场（9公里）
颐和园后门 → 天坛（25公里）	颐和园后门 → 天坛（25公里）
王府井大街 → 国家大剧院（5公里）	王府井大街 → 国家大剧院（5公里）
北京饭店 → 八达岭长城（72公里）	北京饭店 → 八达岭长城（72公里）
鼓楼街道 → 北京植物园（20公里）	鼓楼街道 → 北京植物园（20公里）
紫竹院 → 人民大学（5公里）	紫竹院 → 人民大学（5公里）
北京火车站→ 北京香格里拉酒店（15公里）	北京火车站→ 北京香格里拉酒店（15公里）

将活动页剪成这样的一条。

北京饭店 → 八达岭长城（72公里）	北京饭店 → 八达岭长城（72公里）

110.厨艺大赛

菜名	
大厨 助手	
需要食材和用量	1 2 3 4 5 6

112.绕口令

参考绕口令：

1 红凤凰，粉凤凰，红粉凤凰，粉红凤凰。

2 一二三四五，上山打老虎。老虎没打着，打了小松鼠。松鼠有几只？一二三四五。

3 吃葡萄不吐葡萄皮儿，不吃葡萄倒吐葡萄皮儿。

4 妈妈骑马，马慢，妈妈骂马慢。

5 四十四，十是十，十四是十四，四十是四十。

6 走如风，站如松，坐如钟，睡如弓。

7 八百标兵奔北坡，北坡炮兵并排跑。炮兵怕把标兵碰，标兵怕碰炮兵炮。

8 一面小花鼓，鼓上画老虎。妈妈用布来补。到底是布补鼓，还是布补虎。

9 三月三，小三去登山。上山又下山，下山又上山。登了三次山，跑了三里三。出了一身汗，湿了三件衫。小三山上大声喊："离天只有三尺三！"

10 咬牛奶，喝面包，夹着火车上皮包。东西街，南北走，出门看见人咬狗。拿起狗来打砖头，又怕砖头咬我手。

11 板凳宽，扁担长，板凳比扁担宽，扁担比板凳长，扁担要绑在板凳上，板凳不让扁担绑在板凳上，扁担偏要板凳让扁担绑在板凳上。

读者意见反馈

为收集对教材的意见建议，进一步完善教材编写并做好服务工作，读者可将对本教材的意见建议通过如下渠道反馈至我社。

咨询电话　0086-10-58581350

反馈邮箱　xp@hep.com.cn

通信地址　北京市西城区德外大街 4 号

　　　　　高等教育出版社海外出版事业部（国际语言文化出版中心）

邮政编码　100120